essentials

Essentials liefern aktuelles Wissen in konzentrierter Form. Die Essenz dessen, worauf es als „State-of-the-Art" in der gegenwärtigen Fachdiskussion oder in der Praxis ankommt. Essentials informieren schnell, unkompliziert und verständlich

- als Einführung in ein aktuelles Thema aus Ihrem Fachgebiet
- als Einstieg in ein für Sie noch unbekanntes Themenfeld
- als Einblick, um zum Thema mitreden zu können.

Die Bücher in elektronischer und gedruckter Form bringen das Expertenwissen von Springer-Fachautoren kompakt zur Darstellung. Sie sind besonders für die Nutzung als eBook auf Tablet-PCs, eBook-Readern und Smartphones geeignet.

Essentials: Wissensbausteine aus den Wirtschafts, Sozial- und Geisteswissenschaften, aus Technik und Naturwissenschaften sowie aus Medizin, Psychologie und Gesundheitsberufen. Von renommierten Autoren aller Springer-Verlagsmarken.

Weitere Bände in dieser Reihe
http://www.springer.com/series/13088

Alexander Scheel • Heike Steinmetz

Selbstmarketing im Social Web

Erprobte Strategien für die eigene Karriere

Alexander Scheel
Tiba Personalberatung GmbH
Hannover, Deutschland

Heike Steinmetz
verbalis, Dortmund
Deutschland

ISSN 2197-6708
essentials
ISBN 978-3-658-09382-2
DOI 10.1007/978-3-658-09383-9

ISSN 2197-6716 (electronic)

ISBN 978-3-658-09383-9 (eBook)

Die Deutsche Nationalbibliothek verzeichnet diese Publikation in der Deutschen Nationalbibliografie; detaillierte bibliografische Daten sind im Internet über http://dnb.d-nb.de abrufbar.

Springer Gabler

Gedruckt auf säurefreiem und chlorfrei gebleichtem Papier

Springer Fachmedien Wiesbaden ist Teil der Fachverlagsgruppe Springer Science+Business Media
(www.springer.com)

Was Sie in diesem Essential finden können

- Selbstmarketing im Social Web wird zum Karrierebeschleuniger. Erste Anlaufstelle für Personalverantwortliche beim Active Sourcing sind dabei die Business-Netzwerke Xing und LinkedIn. Hier wird gezielt nach Kandidaten gesucht, die zu der vakanten Position passen. Neben den Informationen im Profil sind das Netzwerk und die Referenzen des Kandidaten mit ausschlaggebend dafür, ob er angesprochen wird.
- Um die Chancen auf den nächsten Karriereschritt zu erhöhen, stehen dem Kandidaten alle Möglichkeiten des Social Web offen – Engagement in den Netzwerken, ein eigenes Blog oder eine themenspezifische Facebook-Seite. Diese sollten jedoch zum Profil und zum geplanten Karriereverlauf passen.
- Um das Social Web gezielt als Karrierebeschleuniger zu nutzen, ist ein strategisches Vorgehen gefragt: Wie möchte ich mich darstellen? Welche Stärken sollen betont werden? Welche Karrierestufe soll erreicht werden? Widersprüche und Fettnäpfchen gilt es zu vermeiden.
- Selbstmarketing im Social Web kann sich schnell zu einem Zeitdieb entwickeln. Professionelle Business-Netzwerke bieten Funktionen an, mit denen sich jeder aktiv positionieren kann, ohne sich zu verzetteln.
- Nicht nur Recruiter profitieren von der Transparenz im Social Web: Kandidaten können mit wenigen Mausklicks Informationen über den potenziellen Arbeitgeber, das Arbeitsklima und seine Solvenz sammeln und haben so eine solide Entscheidungsbasis für oder gegen ein Angebot.

Vorwort

Liebe Leserin, lieber Leser,

immer mehr Unternehmen setzen bei der Suche nach Mitarbeitern auf Social Recruiting oder auch Active Sourcing, also die aktive Mitarbeitersuche in sozialen Netzwerken. Für Sie als potenziellen Kandidaten bedeutet dies jedoch nicht, dass Sie nun abwarten müssen, bis Sie gefunden werden. Im Gegenteil: Mit ein paar Tricks und Tipps können Sie Ihre Präsenz in wichtigen Netzwerken wie Facebook, Xing und LinkedIn erhöhen, Ihr Image verbessern und so Ihre persönlichen Karrierechancen erhöhen.

In diesem Buch erfahren Sie, welche Netzwerke für Sie relevant sind, welche – ungeschriebenen – Gesetze Sie befolgen sollten und nach welchen Kriterien Personalverantwortliche und -berater potenzielle Mitarbeiter aussuchen. Sie lesen aber auch, wie Sie schnell Massenmails von Headhuntern von ehrlich gemeinten Angeboten unterscheiden und wie Sie Ihrerseits an Informationen über Ihren künftigen Arbeitgeber kommen – sei es, um sich auf Ihr Bewerbungsgespräch vorzubereiten oder aber als Entscheidungshilfe vor der Unterschrift unter dem Arbeitsvertrag.

Die Ratschläge, die Sie hier finden, basieren auf der jahrelangen praktischen Erfahrung der Autoren, die Unternehmen bei dem Aufbau der Arbeitgebermarke, dem Personalmarketing sowie der Suche nach Mitarbeitern unterstützen.

Viel Spaß beim Lesen und beim Blick „hinter die Kulissen"
wünschen Ihnen

Alexander Scheel und Heike Steinmetz

Inhaltsverzeichnis

Über die Autoren

Alexander Scheel Die Arbeit mit Menschen und komplexen Projekten zieht sich wie ein roter Faden durch das Berufsleben von **Alexander Scheel**. Nach Projekt- und Führungsaufgaben in internationalen Konzernen und mittelständischen Industrieunternehmen ist der Diplom-Ökonom heute Geschäftsführer und Gesellschafter der Tiba Personalberatung GmbH. Alexander Scheel war von 1999 bis 2009 bei der Tiba Managementberatung als Berater, Trainer, Key-Account-Manager und Geschäftsführer tätig.

Als weltweit ausgerichteter Experte für Projektmanagement unterstützt und begleitet die Tiba-Gruppe (http://www.tiba-gruppe.de/) seit 1989 nationale und internationale Unternehmen aus den unterschiedlichsten Branchen bei der Optimierung ihrer Projektmanagementperformance.

Die Executive Search Consultants (Headhunter) der Tiba Personalberatung GmbH unterstützen Kunden bei der Besetzung von Führungs-, Projektmanagement- und Expertenpositionen. Gleichzeitig sind sie Projektmanagementexperten und verfügen über praktische Projekt- und Führungserfahrung.

LinkedIn: http://de.linkedin.com/in/alexanderscheel

Xing: http://www.xing.com/profile/Alexander_Scheel

Facebook: https://www.facebook.com/tibapersonalberatung

Heike Steinmetz ist Social Media Managerin, freie PR-Beraterin und Journalistin. Seit über zehn Jahren erarbeitet sie für ihre Kunden aus Industrie und Dienstleistung Strategien und Maßnahmen zur Öffentlichkeitsarbeit sowie zu Public Affairs.

Sie publiziert Beiträge und Bücher zu verschiedenen Aspekten der Unternehmenskommunikation sowie zu Beruf und Karriere. Ein weiterer thematischer Schwerpunkt liegt in der Logistik.

LinkedIn: http://de.linkedin.com/in/heikesteinmetz
Xing: https://www.xing.com/profile/Heike_Steinmetz
Facebook: https://www.facebook.com/heike.steinmetz.verbalis
Google+: https://plus.google.com/102817316543826288480/posts

Das Social Web als Karriereleiter 1

Rund 51 Mio. Bundesbürger – und damit 72 % aller Deutschen ab 14 Jahren – sind laut Bitkom-Studie „Netzgesellschaft" regelmäßig online. Dabei verschwimmen die Grenzen zwischen Privat- und Arbeitsleben, zwischen Online und Offline zusehends. Tablets und Smartphones öffnen heute ebenso den Zugang zum World Wide Web wie Kameras und Fernseher. Dies erfordert eine neue Strategie im Personalmarketing – und öffnet Ihnen neue Chancen beim Selbstmarketing, das für Fachkräfte ebenso wie für Freiberufler und Selbstständige immer wichtiger wird.

Warum ist dies so? Zum einen konzentrieren sich immer mehr Unternehmen bei der Mitarbeitersuche auf die Möglichkeiten des Social Webs. Auf den eigenen Websites und in Online-Stellenbörsen lassen sich mit einem kleinen Budget mehr Informationen zu der vakanten Position, aber auch zum Unternehmen selbst veröffentlichen, als dies in Printmedien der Fall ist. Stellenangebote in sozialen Netzwerken wie Xing und LinkedIn sind heute ebenso selbstverständlich wie sogenannte Fan-Pages bei Facebook. Davon profitieren auch die potenziellen Kandidaten: Noch nie standen so viele Informationen zu potenziellen Arbeitgebern und offenen Positionen zur Verfügung wie heute. Noch nie konnte man sich so einfach über Karrierechancen informieren oder mit den Unternehmen in Kontakt treten, bevor man sich die Mühe macht und eine Bewerbung formuliert. Jobangebote kommen auf Wunsch per Mail, ohne weitere Recherche – und machen das Internet zu einem nicht endender wollenden Quell von Karrierechancen.

Vor dem Hintergrund des Fachkräftemangels und des demographischen Wandels steht nun eine weitere Revolution im Recruiting an: Die aktive Suche nach potenziellen Kandidaten. Mit ihr sollen all die Wechselwilligen erreicht werden, die aus verschiedenen Gründen nicht aktiv auf der Suche sind. Sei es, weil ihre

© Springer Fachmedien Wiesbaden 2015   1
A. Scheel, H. Steinmetz, *Selbstmarketing im Social Web,* essentials,
DOI 10.1007/978-3-658-09383-9_1

Unzufriedenheit noch nicht groß genug ist. Oder weil sie einfach im beruflichen Alltag zu sehr eingebunden sind, um sich neu zu orientieren. Genau diese Kandidaten sind für Recruiter und Personalverantwortliche jedoch hoch spannend.

Für Sie als potenzieller Kandidat bedeutet dies: Sie haben es in der Hand, ob Sie von Personalverantwortlichen gefunden werden – und mit welchen Stärken, Talenten und Erfahrungen Sie wahrgenommen werden. Statt der klassischen Bewerbungsunterlagen können Sie ihre Eignung für die nächste Karrierestufe nun mit ganz neuen Möglichkeiten unter Beweis stellen. Und aktiv dafür sorgen, dass Sie – außerhalb der Konkurrenz durch hunderte Bewerbungen – Ihren nächsten Traumjob aktiv angeboten bekommen.

Dabei lohnt sich die Präsenz in den sozialen Netzwerken auch dann, wenn Sie gerade nicht aktiv auf der Suche sind. Denn Ihre berufliche Situation kann sich jederzeit ändern. Ist es dann soweit, haben Sie sich bereits als Experte, als potenzieller Kandidat positioniert.

Bevor Sie sich mit Ihrem Profil im Social Web beschäftigen oder auf Stellensuche gehen, sollten Sie sich ein Bild davon machen, wie ein Personalmanager oder Recruiter eines Unternehmens das Social Web für die aktive Personalsuche nutzt. Denn je besser Sie Ihren Kunden – in diesem Falle also den Personalmanager – kennen, desto gezielter können Sie Ihre Marke „Ich" im Social Network gestalten.

Alles beginnt mit einer offenen Position im Unternehmen. Wie auch der Personalmanager seine Branche kennt, so kennen auch Sie Ihren Markt. Nehmen wir beispielsweise einen Eventmanager oder eine kaufmännische Angestellte. In diesem Falle steht eine große Zahl potentieller Kandidaten einem ebenso großen Angebot an Stellen gegenüber. Deshalb wird der Personaler wahrscheinlich eine Stellenanzeige in einer Online-Jobbörse schalten. Er vertraut darauf, dass sich auf diesem Wege genügend Interessenten für die zu besetzende Stelle finden werden. Anders sieht es jedoch aus, wenn Sie sich in einem Markt bewegen, in dem es mehr Stellenangebote als mögliche Bewerber gibt. Denken Sie beispielsweise an Software-Entwickler, Elektroingenieure oder Bilanzbuchhalter. Hier weiß der branchenkundige Recruiter, dass er nur mit wenigen oder schlimmstenfalls gar keinen Bewerbungen auf eine Stellenanzeige rechnen kann. Für solche und ähnliche gelagerte Positionen begibt sich das Unternehmen also eher aktiv auf die Suche und nutzt zunehmend die Wege, die bislang nur professionellen Headhuntern vorbehalten waren. Möglich macht dies das Social Web mit Business-Netzwerken wie Xing oder LinkedIn.

© Springer Fachmedien Wiesbaden 2015
A. Scheel, H. Steinmetz, *Selbstmarketing im Social Web*, essentials,
DOI 10.1007/978-3-658-09383-9_2

Legen Sie Ihre Strategie fest
Sie wissen am besten, wie viele mögliche Konkurrenten sich gemeinsam mit Ihnen um eine Stelle bemühen. Wenn Sie sich in einem eher gesättigten Markt bewegen, optimieren Sie Ihr Online-Profil als Referenz, in dem der Personaler Dinge entdecken kann, die über Ihre eingereichten Bewerbungsunterlagen hinausgehen. Beispielsweise Referenzen und Kompetenzbestätigungen von Arbeitskollegen und Kunden. Arbeiten Sie in einer Branche, in der eher Arbeitskräftemangel herrscht, gestalten Sie Ihr Online-Profil zusätzlich so, dass Sie leicht gefunden werden und dem Personaler einen schnellen und guten Überblick über Ihre Stärken und Kompetenzen geben.

So startet die aktive Suche

Ist unser Personalmanager beispielsweise auf der Suche nach einem Softwareentwickler für C++ am Standort Hannover, so wird er seine aktive Suche wahrscheinlich eher bei Xing als bei LinkedIn beginnen. Grund ist die eher nationale Ausrichtung von Xing gegenüber der eher internationalen Orientierung von LinkedIn.

Die Personalmanager haben in aller Regel ein Premium-Profil oder ein Recruiter-Profil (Talentmanager) mit umfangreichen Such- und Filtermöglichkeiten. Der Recruiter wird also eine Suche mit Stichworten aus der Stellenanzeige starten. In der Suche werden Begriffe wie C++ und Anwendungsentwickler genutzt, darüber hinaus gibt es die Möglichkeit, regional, hier also am Standort Hannover, zu suchen.

Als Ergebnis erhält der Recruiter eine Liste von 30 oder 300 Profilen, die den Suchkriterien mehr oder weniger gut entsprechen. Für den Personaler beginnt nun die Fleißarbeit. Er muss die große Zahl der Treffer einschränken. Hier helfen Filter wie „Zeige mir nur Angestellte und keine Freiberufler" oder „Nenne mir nur die Personen, die mindestens 5 Jahre Berufserfahrung haben".

> ▶ **Tipp** Machen Sie dem Personaler die Suche so einfach wie möglich. Schließlich wollen Sie bei der Auswahl ganz oben stehen. Weitere Informationen zur Gestaltung Ihres Profils finden Sie im Kap. 3.2.

Die Entscheidung: Kontaktieren oder nicht?

Oft bleibt dem Personalrecruiter nichts anderes übrig, als sich Profil für Profil der Trefferliste anzusehen und zu entscheiden, wer zur Position passt. Nur diese Personen erhalten eine Kontaktanfrage oder eine persönliche Nachricht. Welches sind jedoch die Kriterien, die darüber entscheiden, ob Sie eine Anfrage erhalten oder nicht? Hier die wichtigsten im Überblick:

1. **Wie gut passen Profil und Position zusammen?**

   Gehen Sie davon aus, dass jeder Personaler bereits hunderte, wenn nicht gar tausende Profilen angeschaut und analysiert hat. Die Personalprofis erkennen oftmals in wenigen Sekunden, ob der Inhalt des Profils das hält, was das erste Suchergebnis versprach. Wenn der Personaler einen Anwendungsentwickler mit C++-Kenntnissen sucht, so sollten diese Stichworte im Profil und im Abschnitt „Ich biete" (in Xing) ganz vorn in der Liste stehen. Generell ist es empfehlenswert, wenn Ihr Angebot möglichst kurz und prägnant ist. Bei 20 oder mehr Stichworten im Abschnitt „Ich biete" verliert jeder Profilbesucher den Überblick. Und es drängt sich die Frage auf, ob der Inhaber sich nicht generell zu sehr im Detail verliert.

2. **Vermittelt das Profil einen positiven Eindruck?**

   Auch bei Personalprofis entscheidet das Auge mit. Wenn Sie sich also entscheiden, ein Foto zu veröffentlichen, dann posten Sie ein professionelles Foto und verkneifen Sie sich Heisenberg oder Kermit den Frosch als Profilbild.

3. **Was sagen Andere über Sie?**

   In allen sozialen Netzwerken haben Sie die Möglichkeit, Referenzen zu hinterlegen. Bisweilen wird der Personaler dieses Angebot gerne nutzen und sich kurz anschauen, was Ihr ehemaliger Chef oder Ihre Kunden über Sie schreiben. Interessant ist in diesem Zusammenhang auch, ob Sie beispielsweise gemeinsame Bekannte haben. Möglicherweise arbeitet einer Ihrer alten Studienkollegen genau in der Firma mit der offenen Vakanz. Der Personaler hätte dann intern die diskrete Möglichkeit, über diesen Kollegen mit Ihnen in Kontakt zu treten. Erfahren kann das natürlich nur, wer seine Kontaktliste für alle Profilbesucher zugänglich macht. Wägen Sie ab!

   ▶ **Tipp** Möglicherweise ist der gemeinsame Bekannte Ihr Chef. Entgegen vieler Vorurteile sind Personaler diskret und verschwiegen und werden kaum Ihren Vorgesetzten darauf ansprechen, dass Sie im Social Web Interesse an einem Jobwechsel signalisiert haben. Trotzdem sollten Sie lieber auf Nummer sicher gehen und den Personaler um absolute Diskretion bitten. Jeder Profi versteht und respektiert das.

4. **Welche Interessen haben Sie?**

   Auch in den Business-Netzwerken haben Sie die Möglichkeit, Ihre privaten Interessen und Ihr privates Engagement zu zeigen. Liest der Personaler beispielsweise von der Mitgliedschaft in der Feuerwehr oder in einem lokalen Verein, so hat diese Information durchaus einen Effekt. Diesen Effekt müssen Sie kennen, um sich entsprechend zu positionieren. Vereinsmitgliedschaft signalisiert gesellschaftliches Engagement und soziale Kompetenz, beides Dinge, die bei Personalern und bei Unternehmen hoch im Kurs stehen. Schließlich möchte man lieber einen Kollegen haben der im Team spielt, als einen Eigenbrötler. Gleichzeitig signalisiert aber das Engagement in Vereinen auch, dass Sie regional eingebunden – also gebunden – sind. Für den Fall, dass mit der Position ein gewisses Maß an Reisetätigkeit oder ein etwas längerer Anfahrtsweg zur Arbeit verbunden ist, sinkt in den Augen des Personalers die Wahrscheinlichkeit, dass Sie sich für diese Position interessieren. Und er wird möglicherweise zum nächsten Profil klicken.

> **Tipp** Wollen Sie also signalisieren „Ich komme auch gerne einmal in der Republik herum" oder „Die eine oder andere Übernachtung fernab der Heimat ist für mich kein Problem", dann sollten Sie in Ihrem Profil, beispielsweise im Bereich „Interessen", ein Stichwort nach dem Motto „Ich reise gern" unterbringen. Ob sich das jetzt auf die Nordsee oder auf berufliche Reisen bezieht, bleibt dann der Phantasie des Betrachters überlassen.

5. **Wie wahrscheinlich ist es, dass der potenzielle Kandidat antwortet?**
   Nicht jedes Mitglied eines Business-Netzwerkes engagiert sich täglich in Gruppen, erstellt Beiträge oder erweitert sein Netzwerk. Xing beispielsweise führt einen so genannten Aktivitätsindex. Diese Zahl zwischen 0 und 100 % gibt an, wie regelmäßig und wie häufig Sie Xing nutzen. Wie genau sich der Wert errechnet, wird nicht verraten. Fest steht jedoch, dass 0 % eher auf ein verwaistes und möglicherweise nicht mehr aktuelles Profil hinweisen und 100 % den regelmäßigen und engagierten Besucher kennzeichnen. Die Wahrheit für einen engagierten Arbeitnehmer, der nicht seine ganze Arbeits- und Freizeit online verbringt, wird sicherlich irgendwo in der Mitte liegen. Klar ist jedoch, dass Ihre Chance auf Anfragen bei einem geringen Aktivitätsindex auch niedriger ist. Auch Personaler fokussieren ihre Aufmerksamkeit auf die erfolgversprechendsten Chancen.

Hurra, der Kontakt ist da

Ihr Smartphone blinkt oder das Mail-Postfach leuchtet – Sie haben eine Nachricht oder eine Kontaktanfrage von einem Recruiter erhalten. Der gute Personaler hat sich mit seiner Nachricht Mühe gegeben. Er hat Ihr Profil angeschaut und nimmt im Schreiben darauf Bezug. Und er sagt Ihnen auch, warum er genau Sie kontaktiert. Idealerweise finden Sie in der Nachricht einen Link oder eine angehängte Datei mit dem Stellenprofil.

> **Tipp** In Stil und Form der Kontaktaufnahme trennt sich bereits der Spreu vom Weizen. Professionelle Personaler geben sich Mühe und vermeiden Massenanschreiben.

Schaut die Nachricht so wie diese aus, sollten Sie vorsichtig sein:

Liebe/r Kandidat/in,
Ihr Profil in Xing sieht sehr interessant aus und passt hervorragend zu einer Position als Anwendungsentwickler in unserem Unternehmen. Bei Interesse freue ich mich auf Ihre Kontaktbestätigung.
Mit freundlichen Grüßen
Regina Recruiter

Hier hat jemand Ihr Profil nicht gelesen und einfach mit „copy and paste" eine große Anzahl von Leuten kontaktiert. Wertschätzung geht anders.

Legen Sie die Latte des Respekts, den ein Personaler Ihrem Profil entgegenbringen sollte, ruhig etwas höher:

Guten Tag Herr Müller,
in Ihrem Xing-Profil sehe ich, dass Sie als Anwendungsentwickler arbeiten, über C++- und C#-Kenntnisse verfügen und hier bei uns in der Region Hannover wohnen. Wir sind auf der Suche nach Verstärkung, werfen Sie doch bitte einmal einen Blick auf den folgenden Link (Link). Ich habe den Eindruck, dass diese Position gut zu Ihnen passen könnte.
Auf Ihr Feedback freut sich mit herzlichen Grüßen
Roberta Recruiter

Nun heißt es für den Personaler warten und für Sie als Bewerber, eine Entscheidung zu treffen. Sind Sie neugierig geworden, dann klicken Sie doch einmal auf das Profil des Absenders und schauen Sie sich das Unternehmen an, das Sie hier gerade anspricht.

Auch wenn Sie vielleicht gerade nicht aktiv auf der Suche sind oder Ihr Chef Ihnen gerade eine Beförderung in Aussicht gestellt hat, kann es sicherlich nicht schaden, wenn Sie sich mit dem Personaler vernetzen. Lassen Sie also die Anfrage also nicht unbeantwortet, sondern bestätigen Sie den Kontakt und schreiben Sie kurz in zwei Zeilen zurück, dass Sie für einen Jobwechsel nicht zur Verfügung stehen, aber dennoch nichts gegen eine Vernetzung haben.

Entscheiden Sie ruhig, welchem Personaler Sie diese Aufmerksamkeit zukommen lassen möchten. Nicht jedes offensichtliche Massen-Mail verdient Ihre Aufmerksamkeit oder erfordert eine Antwort. Einfach löschen und ignorieren.

Vielleicht stellen Sie beim Lesen des Stellenangebotes aber fest, dass der Personaler genau ins Schwarze getroffen hat. Die angebotene Position ist genau das, was Sie sich für Ihre Zukunft sehr gut vorstellen können. Lassen Sie sich mit einer Antwort nicht allzu viel Zeit, bestätigen Sie den Kontakt oder schreiben Sie eine Nachricht binnen ein bis zwei Tagen und signalisieren Sie Interesse.

Wie es nun weitergeht, entscheiden Sie. Wenn Sie zu der Position keine Fragen haben, bieten Sie einfach an, dass Sie dem Ansprechpartner Ihre Bewerbungsunterlagen zur Verfügung stellen. Für den Fall, dass es noch Unklarheiten mit der Stellenausschreibung gibt, schreiben Sie ihm, dass Sie für ein klärendes Telefonat (private Handy-Nummer nennen nicht vergessen) gerne in einer Pause oder außerhalb Ihrer Arbeitszeit zur Verfügung stehen. Wirklich engagierte und professionelle Personaler werden Ihnen diesen Wunsch nicht abschlagen.

In diesem Abschnitt haben Sie einen Überblick darüber erhalten, wie ein Personaler bei der aktiven Suche vorgeht. In den nun folgenden Abschnitten dieses Ratgebers werden wir Ihnen aufzeigen, wie Sie Ihre Marke „Ich" im Web 2.0 gezielt aufbauen und so die Wahrscheinlichkeit erhöhen, dass Ihnen Recruiter und Personaler den passenden Job anbieten.

Vom Bewerber zum gesuchten Kandidaten

3

3.1 Die Marke „Ich" im Web 2.0

Kennen Sie Sascha Lobo? Der Blogger, Buchautor und Journalist hat es geschafft, sich erfolgreich zu positionieren. Er hält Vorträge, schreibt für den Spiegel Online und wurde in einer Sendung der Deutschen Welle als „Klassensprecher für das Web 2.0" bezeichnet. Geht es um die Auswirkungen des Internets auf die Gesellschaft, fällt in der Regel sein Name. Er ist bekannt für klare Worte und seine ausgefallene Frisur.

Sascha Lobo hat es geschafft, zu einer Marke zu werden. Damit kann er Anregungen geben, wenn es um Ihre Präsenz in der Social Community geht. Denn ähnlich wie die Unternehmen, die im Social Web nach potenziellen Mitarbeitern suchen, benötigen auch Sie eine Strategie. Eine Idee davon, wie Sie von potenziellen Arbeitgebern wahrgenommen werden möchten. Unter welchen Stichworten Sie gefunden werden möchten.

Bevor es also losgeht, sollten Sie eine kleine Status-Analyse machen. Die professionelle Methode dazu heißt SWOT-Analyse. SWOT steht für Strengths (Stärken), Weaknesses (Schwächen), Opportunities (Chancen) und Threats (Risiken). Sie hilft Ihnen dabei, die eigenen Stärken und Interessen besser kennenzulernen sowie Ihr Selbstbewusstsein zu stärken.

Alles, was Sie brauchen ist ein Blatt Papier, einen Stift und etwas Zeit. Wenn Sie mögen, können Sie die Analyse auch mit Unterstützung eines Freundes durchführen.

Und so einfach geht es:

© Springer Fachmedien Wiesbaden 2015
A. Scheel, H. Steinmetz, *Selbstmarketing im Social Web,* essentials,
DOI 10.1007/978-3-658-09383-9_3

1. Vierteln Sie ein Blatt Papier mit einem Stift. Jedes Viertel ist für einen Aspekt der SWOT-Analyse gedacht.
2. Notieren Sie oben links Ihre Stärken und beruflichen Fähigkeiten. Was können Sie besonders gut? Was hebt Sie von anderen Kandidaten ab? Welche Themen interessieren Sie besonders? Wo haben Sie mehr Kenntnisse als Ihre Kolleginnen und Kollegen?
3. Schreiben Sie in das Viertel daneben Ihre Schwächen. Seien Sie ehrlich zu sich selbst – außer Ihnen wird das Blatt nur derjenige sehen, dem Sie es freiwillig zeigen.
4. Berücksichtigen Sie dabei auch eventuelle Brüche in Ihrem Lebenslauf, die einen potenzieller Arbeitgeber abschrecken könnten. Dies kann ein abgebrochenes Studium sein oder eine längere berufliche Auszeit.
5. Denken Sie darüber nach, wie Sie diese Herausforderungen gemeistert haben – bestimmt fallen Ihnen Argumente für die Brüche oder sogar persönliche Stärken ein, mit denen Sie künftig punkten können.
6. Unter Chancen notieren Sie, was alles für einen Job-Wechsel spricht beziehungsweise Ihre Chancen auf eine neue Position erhöht. Gibt es akuten Fachkräftemangel in Ihrer Branche? Erlebt die Branche zurzeit einen Boom?
7. Anschließend geht es um die Risiken. Betrachten Sie diesen Punkt aus der Brille Ihres potenziellen Arbeitgebers. Was könnte gegen Sie sprechen? Fehlen Ihnen für das angestrebte Karriereziel Qualifikationen? Waren Sie zu lang arbeitslos? Sind Sie alleinerziehend oder gesundheitlich angeschlagen?

Auf Basis dieser Ergebnisse können Sie nun Ihre Marke Ich aufbauen. Und dies unabhängig von schriftlichen Nachweisen über Ihre berufliche Qualifikation. Definieren Sie für sich, wie Sie sich positionieren möchten – welche Stärken, welches Know-how soll im Vordergrund stehen? Welche Soft Skills wollen Sie betonen und wie gehen Sie mit potenziellen Schwächen um? All das werden Sie für die Positionierung im Social Web benötigen. Bleiben Sie dabei realistisch und zeichnen Sie kein Bild, das Ihnen, Ihren Interessen und Fähigkeiten nicht entspricht. Stehen Sie zu Ihren Schwächen und versuchen Sie, diese in Stärken zu verwandeln.

3.2 Profile und Postings – So präsentieren Sie sich im Social Web

Sie haben die SWOT-Analyse durchgeführt. Sie wissen, welche nächsten Karriere-Ziele Sie erreichen möchten und was für Sie spricht. Nun geht es darum, dass Sie sich entsprechend positionieren – damit man über Sie und mit Ihnen spricht. Und dies nicht nur vor Ort, in Ihrem Arbeitsumfeld, sondern im Social Web.

Unter dem Begriff Social Web oder Social Media werden dabei alle digitale Medien und Technologien zusammengefasst, die es Nutzern untereinander ermöglichen, sich untereinander auszutauschen und mediale Inhalte miteinander zu teilen. Damit wird das Social Web zu einer riesigen Kontaktbörse und einem Marktplatz des Wissens, auf dem Tag und Nacht ein lebhaftes Treiben herrscht. Eine Besonderheit besteht in dem gegenseitigen Geben und Nehmen. In der Unterstützung anderer Netzwerkmitglieder ohne die Erwartung, dafür eine direkte Gegenleistung zu erhalten.

Genau dies macht das Social Web zu einer wertvollen Plattform für all diejenigen, die sich beruflich verändern möchten. Denn der Wissensaustausch unter den Usern gibt Ihnen die Möglichkeit, sich auf sympathische Weise zu profilieren. Indem Sie anderen bei ihren Herausforderungen helfen, ihre Fragen beantworten und Tipps geben, können Sie Ihre Kompetenz unter Beweis stellen – und so Personalverantwortliche auf sich aufmerksam machen.

Netzwerke wie Xing und LinkedIn basieren auf diesem Austausch. Sie arbeiten mit themen- und branchenspezifischen Gruppen, die vom Austausch der Mitglieder leben. Dabei steht das Business klar im Vordergrund – anders als bei Facebook und Google+, die von vielen eher als privates Netzwerk genutzt werden. Aber auch hier verschieben sich die Schwerpunkte, so dass eine Präsenz in diesen Netzwerken durchaus den nächsten Karriereschritt fördern kann.

Welche Optionen Ihnen welche Netzwerke bieten, lesen Sie in Kap. 4. Wichtig ist jedoch, dass Sie aktiv sind. Dass Sie die unterschiedlichen Möglichkeiten der Netzwerke nutzen, um die Informationen zur Verfügung stellen, die Personalverantwortliche über Sie finden sollen. Mit denen man Sie in Verbindung bringen soll. Unabhängig von dem oder den Netzwerken, die für Sie geeignet sind, geschieht dies auf zwei Wegen: Über die Profile, die Sie als Mitglied in den Netzwerken anlegen sowie über die Postings.

Profile in sozialen Netzwerken
Sobald Sie sich in einem sozialen Netzwerk registrieren, wird automatisch eine Profilseite angelegt. Hier können Sie Angaben zur eigenen Person machen – beispielsweise zu Ihrer Ausbildung, Ihren bisherigen Arbeitsstellen, zu Qualifikationen und Hobbys. Zudem können Sie Kontaktdaten hinterlegen, über die Sie erreichbar sind. Sie können steuern, wer diese Informationen lesen darf. Einzelne Informationen können Sie beispielsweise für alle öffentlich machen, andere nur für eine bestimmte, ausgewählte Personengruppe.

Auch die Information, ob Sie auf Stellensuche oder offen für neue Angebote sind, lässt sich – beispielsweise. im Business-Netzwerk Xing – steuern: Rechts oben im Profil finden Sie den Hinweis „Karrierewünsche bearbeiten". Wenn Sie darauf klicken können Sie angeben, ob Sie aktiv auf der Suche sind, nicht aktiv suchen, aber offen für Jobangebote sind oder derzeit kein Interesse an einem Jobwechsel haben. Diese Angabe können sie wahlweise für alle Xing-Mitglieder, Ihre direkten Kontakte und Recruiter oder aber nur für Recruiter freischalten. Mehr dazu im Kap. 4.1.

Je aussagekräftiger Ihr Profil ist, umso größer ist die Chance, dass Sie von Personalverantwortlichen als interessanter Kandidat eingestuft und angesprochen werden. Am Beispiel des Business-Netzwerks Xing zeigen wir deshalb einmal exemplarisch, welche Informationen im Profil Platz finden sollten:

1. **Name**: Geben Sie Ihren Klarnamen an und verzichten Sie auf Verfremdungen. Personalverantwortliche, die auf Sie aufmerksam werden, möchten wissen, mit wem sie es zu tun haben. Zudem wird häufig im Internet nach weiteren Profilen und Informationen über Sie recherchiert. Wenn Privates privat bleiben soll, dann nutzen Sie für Ihr Profil in Facebook einfach ein Namenskürzel oder Ihren Vornamen, so wird aus Maximilian Müller für alle Fremden „MaxiM". – und Sie schützen die Daten, die ein potenzieller Arbeitgeber nicht über Sie finden soll.
2. **Position**: Xing bietet Personalverantwortlichen die Chance, Profile nach Schlagwörtern zu durchsuchen. So können beispielsweise Vertriebsleiter aus dem Raum Stuttgart oder kaufmännische Angestellte in Berlin aus den etwa 320 Xing-Mitgliedern gefiltert werden. Gängige Bezeichnungen bei der Position erleichtert den Personalverantwortlichen die Suche, aber auch die realistische Einschätzung Ihrer Qualifikation. Stellen Sie sich im Zweifel einfach die Frage, wonach Sie suchen würden – nach einem „Vice President Logistic" oder einem „Director Logistik"? Nach einem „Engel für alle Herausforderungen" oder einer „Assistentin der Geschäftsführung"?
3. **Foto**: Verzichten Sie auf den Schnappschuss vom letzten Betriebsfest ebenso wie auf das Passfoto aus dem Führerschein oder Ihrer ersten Bewerbung. Investieren Sie Zeit, Lust und im Zweifel auch das Honorar für den Fotografen in ein gutes, aussagekräftiges Bild. Zeigen Sie auf jeden Fall Gesicht – ob Ihr ganzes Gesicht im Bild erscheint oder Sie beispielsweise nur eine Hälfte zeigen hängt allein von Ihnen ab. Und davon, ob das Foto das ausdrückt, was Sie vermitteln

wollen. Wenn Sie unsicher sind – klicken Sie sich vor dem Fototermin durch ein paar Profile. Sagen Sie dem Fotografen, was Sie mit dem Bild ausdrücken und erreichen wollen.

4. **Kontaktdaten**: Xing unterscheidet zwischen geschäftlichen und privaten Kontaktdaten. Wer die von Ihnen hinterlegten Angaben sehen darf, legen Sie unter „Einstellungen" und hier unter dem Reiter „Privatsphäre" fest. Außerdem Können nen Sie die Datenfreigabe für jeden neuen Kontakt festlegen.

5. **Profilspruch**: Hier können Sie mit wenigen Worten auf den Punkt bringen, wofür Sie stehen. Nutzen Sie den Profilspruch, um bestimmte Qualifikationen oder persönliche Stärken herauszustellen.

6. **Ich biete**: Hier sind in Stichworten Ihre beruflichen Qualifikationen, aber auch Ihre persönlichen Stärken gefragt. Greifen Sie auf die SWOT-Analyse zurück. Schauen Sie, was Sie dort notiert haben. Betrachten Sie diese Fähigkeiten aus Sicht des potenziellen Arbeitgebers und nehmen Sie all die Stärken auf, die für ihn relevant sein könnten. Dies sind beispielsweise Kundenorientierung, Effizienz, Führungserfahrung oder Projektmanagement. Aber auch Ergebnisorientierung.

7. **Ich suche**: Wer hier notiert „Eine neue berufliche Herausforderung" läuft natürlich Gefahr, sich bei seinem aktuellen Arbeitgeber zu disqualifizieren. Viele Xing-Mitglieder wiederholen deshalb hier die beruflichen Angaben aus dem Bereich „Ich biete". Das ist nicht empfehlenswert. Suchen Sie hier beispielsweise als Ingenieur Informationen über die neuesten mathematischen Berechnungsprogramme oder aus Außendienstmitarbeiter nach Geschäftskontakten oder Informationen über Ihre Branche.

8. **Berufserfahrung**: Hier sind Ihre beruflichen Stationen gefragt, ähnlich wie beim Lebenslauf. Nutzen Sie die Möglichkeit, konkret anzugeben, welche Aufgaben Sie für Ihre Arbeitgeber übernommen haben. Gibt es ein besonderes Projekt, auf das Sie stolz sind? Haben Sie ein fünfköpfiges Team geleitet oder entscheidend bei einer Produktneuentwicklung mitgewirkt?
Achten Sie bei den Angaben darauf, dass Sie keine Interna verraten und bleiben Sie ehrlich – über Ihre Kontakte oder die „Erweiterte Suche" lassen sich leicht ehemalige Kollegen ausfindig machen, die diese Aussage entweder bestätigen oder ihr widersprechen können.

9. **Ausbildung**: Verzichten Sie auf den Hinweis, welche Grundschule Sie besucht haben. Hier reicht die Angabe des letzten erreichten Abschlusses. Nennen Sie die erfolgreich bestandene Technikerausbildung oder Ihr Hochschuldiplom. Natürlich können Sie hier auch den Titel Ihrer Bachelor- oder Doktorarbeit angeben.

10. **Sprachen**: Hier können Sie angeben, in welchen Sprachen Sie fit sind. Xing unterscheidet zwischen Muttersprache, „Fließend", „Gut" und „Grundkenntnisse". Ergänzende Angaben zu Ihren Sprachkenntnissen können Sie hier nicht machen.

11. **Qualifikationen**: Punkten Sie mit Ihren Zertifikaten. Geben Sie – soweit für Ihre (künftige) Karriere relevant – Ihre erfolgreichen Weiterbildungen und Qualifikationen an.

12. **Organisationen**: Auch hier gilt: Verbands- und Vereinsmitgliedschaften, die Ihrer Karriere förderlich sein könnten, sollten Sie nicht verschweigen. Denken Sie aber auch an die unterschwelligen Botschaften, die Sie damit transportieren: Die Mitgliedschaft im heimischen Feuerwehrverein signalisiert soziales Engagement und Heimatverbundenheit. Wird der Personaler Sie ansprechen, wenn davon auszugehen ist, dass Sie nicht gern den Wohnort wechseln möchten?

13. **Referenzen**: Hat sich ein Kunde positiv über Sie geäußert? Ist Ihr Ex-Chef dazu bereit, Sie weiterzuempfehlen? Dann können sie diese Empfehlungen – das Einverständnis des Absenders vorausgesetzt – hier zum Download zur Verfügung stellen.

14. **Interessen**: Hier geht es um Ihre persönliche Interessen. Die Informationen, die ein Personalverantwortlicher hier liest, runden das Gesamtbild von Ihnen ab.

15. **Persönliches**: Hier sind Angaben wie Geburtstag und Geburtsname gefragt.

Wem Sie diese Informationen zur Verfügung stellen, können Sie über „Einstellungen" - „Privatsphäre" steuern. Dabei entscheiden Sie zum einen, ob sie allen Xing-Mitgliedern zur Verfügung stehen oder nur Ihren Kontakten bzw. ausgewählten Kontakten.

Das neue Xing-Profil bietet zudem die Möglichkeit, das eigene Portfolio vorzustellen. Nutzen Sie diese Option, um gezielt auf erfolgreiche Projekte, Stärken oder Referenzen aufmerksam zu machen. Dazu bietet Ihnen Xing wahlweise die Möglichkeit, Textfelder einzufügen, PDF-Dateien oder Bilder hochzuladen. Kombinieren Sie Bilder und Textfelder, um Ihre Stärken zu betonen.

Das internationale Business-Netzwerk LinkedIn arbeitet mit einem ähnlichen Profil. Statt „Ich suche/ich biete" können Sie hier Skills angeben, für die Sie von Ihren Kontakten empfohlen werden können. Dies geschieht ohne Ihr aktives Zutun – beim Besuch des Netzwerks wird man zwischendurch immer mal wieder gefragt, ob man seine Kontakte für bestimmte Skills empfehlen möchte. Dabei können Ihre Kontakte auch Soft Skills vorschlagen, die Sie selbst nicht angegeben haben.

Revanchieren Sie sich für die Empfehlungen, in dem Sie Ihrerseits Kenntnisse und Fähigkeiten Ihrer Kontakte bestätigen oder hinzufügen. Sie machen es Personalverantwortlichen damit einfacher, potenzielle Kandidaten zu identifizieren – und auf Sie aufmerksam zu werden.

Facebook und Google+ sind bei den Profilen nicht ganz so klar auf die Karriere ausgerichtet. Gerade Facebook hat sich lange Zeit auf die privaten Highlights wie den Beziehungsstatus oder den Musikgeschmack konzentriert. Neuerdings werden aber auch hier Arbeitgeber, Ausbildung und andere berufliche Fakten abgefragt, während Twitter sich auf wenige Angaben im Profil beschränkt. Konkret werden hier nur der Name, die Position, der Standort sowie die Webadresse abgefragt.

Nehmen Sie sich Zeit, um Ihre Profile sorgfältig anzulegen. Betonen Sie Ihre Kompetenzen. Zeigen Sie, welche Karriereschritte Sie bereits gemacht haben und auch ein wenig, wohin Sie noch möchten. Die Profilseiten sind die Basis der Jobsuche im Social Web und verdienen entsprechende Aufmerksamkeit.

Um auf sich aufmerksam zu machen reicht dies jedoch nicht aus. Hier ist vielmehr aktives Handeln in den Netzwerken gefragt. Durch das Bereitstellen von Informationen, das Beantworten oder auch das Stellen von Fragen. Wie das genau aussehen kann, erläutern wir in Kap. 4, wenn wir die einzelnen Netzwerke vorstellen.

3.3   Netzwerke aufbauen und pflegen

Wer die richtigen Kontakte hat, bekommt die besten Plätze im Fußballstadion. Oder im Konzertsaal. Er bekommt die begehrte Stadtwohnung mit Garten. Oder eben seinen Traumjob. Doch Kontakte fallen nicht vom Himmel. Sie wollen aufgebaut und gepflegt werden. Für Berufstätige ist dies nicht immer ganz einfach, weil dies zeitintensiv sein kann. Viele Kontakte lassen sich dabei über das Social Web knüpfen. Wem das nicht liegt, kann auf Organisationen und Vereine zurückgreifen.

Hier gibt es zahlreiche branchenspezifische Organisationen, die zum Netzwerken einladen. In der Logistik ist dies beispielsweise die Bundesvereinigung Logistik (BVL, www.bvl.de). Für Pressesprecher gibt es den branchenübergreifenden Bundesverband deutscher Pressesprecher (http://www.bdp-net.de), für Projektmanager die Gesellschaft für Projektmanagement (www.gpm-ipma.de) oder das Project Management Institute (www.pmi.org).

Pflegen Sie diese Kontakte – auch im Social Web, das eine ganz neue Qualität und damit neue Möglichkeiten in Ihr persönliches Beziehungsmarketing bringt. Stellen Sie sich vor, Ihr Nachbar ist ein Unternehmer, der sich im Stadtrat engagiert. Er kennt den Landrat, der wiederum eng mit einer Landtagsabgeordneten zusammenarbeitet. Diese wiederum kennt durch ihre Arbeit in einem Ausschuss – beispielsweise für Familie und Soziales – die dafür zuständige Landesministerin. Diese arbeitet natürlich eng mit dem entsprechenden Bundesministerium zusammen und diese wiederum mit der Bundeskanzlerin.

Möchten Sie nun mit einer dieser Personen Kontakt aufnehmen, ist dies in der Regel schwierig. Zumal Sie häufig gar nicht einschätzen können, wen Ihre Freunde und Geschäftspartner so alles kennen. Oder welche Kontakte deren Freunde und Geschäftspartner haben.

Soziale Netzwerke machen diese Beziehungen transparent. Sowohl bei Xing als auch bei Facebook, Google+ und LinkedIn können Sie sehen, welche Kontakte Ihre Kontakte haben. Voraussetzung dafür ist natürlich, dass Ihre Kontakte diese Information für Sie freigegeben haben.

> **Punkten Sie mit Ihrem Netzwerk!**
> Recruiter achten auf verschiedene Aspekte um zu erfahren, ob ein Kandidat für eine bestimmte Position interessant ist. Immer häufiger geht es dabei auch um die Kontakte, die jemand hat – und in sein neues Aufgabengebiet mit einbringen kann. Zudem bieten Sie den Personalern so die Möglichkeit, gemeinsame Bekannte zu identifizieren und so mehr über Sie und Ihre Qualifikationen zu erfahren. Um die Chance auf attraktive Job-Angebote zu erhöhen, können Sie Ihre Privatsphäre-Einstellungen so auswählen, dass Ihre Kontakte für andere sichtbar sind. Wer was und wie viel sieht, entscheiden Sie.

Doch zurück zu der Frage, wie Sie Ihr persönliches Netzwerk im Social Web aufbauen können. Auch hier ist es wichtig, systematisch und gezielt vorzugehen. Denn nicht die Quantität, sondern die Qualität der Kontakte zählt. Denn was helfen Ihnen angebliche Beziehungen, wenn der andere nichts mit Ihrem Namen und Ihren Qualifikationen verbindet?

Doch wie finden Sie nun die Menschen im Social Net, die Ihnen bei Ihrem beruflichen Aufstieg helfen können? Die einem Personalverantwortlichen im Zweifel Ihre Qualifikationen bestätigen? Oder auch bei der nächsten offenen Vakanz an Sie denken?

Dazu bieten die sozialen Netzwerke Suchfunktionen an, die vor allem bei LinkedIn und Xing auf den Ausbau des persönlichen Netzwerkes abgestimmt sind. Hier, aber auch bei Facebook und Google+ können Sie gezielt nach Personen suchen, die Sie aus Ihrem privaten und beruflichen Umfeld kennen. Haben Sie einen Bekannten entdeckt, schicken Sie ihm einfach eine Kontaktanfrage. Schreiben Sie ihm ein paar Zeilen dazu – dies ist nicht nur höflich sondern hilft in manchen Fällen auch dem Empfänger, sich an Sie zu erinnern.

Möchten Sie sich bei der Suche nach ehemaligen Kollegen die Eingabe verschiedener Namen sparen, gehen Sie am Besten über die Funktion „Erweiterte Suche" und geben dort im Feld „Firma (zuvor)" Ihren ehemaligen Arbeitgeber an – schon zeigt Ihnen Xing alle Mitglieder an, die ebenfalls in Ihrem ehemaligen Unternehmen gearbeitet haben. Alternativ oder ergänzend dazu können Sie sich alle Mitarbeiter anzeigen lassen, die zurzeit in dem Unternehmen arbeiten.

Bei Google+ ist es noch einfacher: Hier können Sie die Person einfach Ihren Kreisen hinzufügen und zudem dem Profil entnehmen, wen Ihr Kontakt kennt. Vielleicht sind ja weitere Bekannte im Netzwerk vertreten, an die Sie noch nicht gedacht haben. Ähnlich können Sie vorgehen, wenn Sie Personen aus bestimmten Organisationen, aus Ihrer Stadt oder in einer bestimmten Position suchen. Angenommen, Sie möchten nun Kontakt zu einer bestimmten Person aufnehmen, die Sie bislang weder beruflich noch privat kennen. Können Sie diesen Wunsch begründen, können Sie diese – sofern die Einstellungen dies zulassen – direkt kontaktieren. Sie können aber auch schauen, wer aus Ihrem Netzwerk besagte Person kennt und diese bitten, den Kontakt herzustellen. Dazu bietet Xing die Option „Profil vorschlagen".

Um Ihr Netzwerk Schritt um Schritt zu erweitern bietet es sich zudem an, Geschäftsterminen oder Events Ihre Gesprächspartner über die Netzwerke kontaktieren. In der Regel wird der Vernetzung nach einem persönlichen Kontakt zugestimmt – anders ist es, wenn Sie willkürlich und ohne Bezug Ihnen fremde Menschen um Aufnahme in ihr Netzwerk bitten.

3.4 Strategien gegen das Verzetteln – Wie sich Einsatz und Erfolg die Waage halten

Wenn Sie erst einmal dabei sind, Ihr Netzwerk aufzubauen und zu erweitern, fallen Ihnen bestimmt zahlreiche Menschen ein, die Sie von früher kennen. Aus der Schule oder der Ausbildung. Menschen, die Sie bei Ihrem letzten Arbeitgeber kennengelernt haben oder bei einem Kundengespräch. Dies alles können wertvolle Kontakte für Sie sein.

Beziehungsmanagement kostet Zeit. Das Durchsuchen der Netzwerke nach bestimmten Personen ebenso wie die Durchsicht der Kontakte Ihrer Kontakte. Haben Sie mit einem ehemaligen Kollegen oder Kunden seit längerer Zeit keinen Kontakt gehabt, sollten sie zudem zusammen mit der Kontaktanfrage ein paar persönliche Zeilen senden.

Um sich nicht zu verzetteln, sollten Sie sich deshalb zunächst auf ein soziales Netzwerk konzentrieren. Wählen Sie das Netzwerk aus, das Sie am ehesten zum

Ziel bringt. Suchen Sie einen neuen Job in Deutschland oder dem deutschsprachigen Ausland, sollten Sie sich auf das Business-Netzwerk Xing beschränken. Möchten Sie Ihre Chancen auf dem internationalen Markt eruieren, bietet sich LinkedIn an.

Im nächsten Schritt suchen Sie nicht mehr aktiv nach potenziellen Kontakten, sondern übertragen diese Aufgabe dem Netzwerk, beispielsweise Xing. Dazu legen Sie in vier Schritten einen Suchauftrag an:

1. Klicken Sie mit der Maus auf „Erweiterte Suche" und wählen Sie „Mitglieder" aus.
2. Geben Sie nun an, woher Ihre gesuchten Kontakte kommen. Sie können beispielsweise unter „Firma jetzt" Ihren aktuellen Arbeitgeber eingeben um zu schauen, welche Kollegen bei Xing angemeldet sind. Oder suchen unter „Firma zuvor" ehemalige Kollegen. Hat Ihr Arbeitgeber bundesweit Standorte, können Sie die Suche durch die Angabe „Ort" oder „Bundesland" einschränken.
3. Anzeigen lassen können Sie sich wahlweise alle Mitglieder, Kontakte und deren Kontakte oder nur Kontakte. Da Sie Ihr Netzwerk aufbauen möchten, wählen Sie „alle Mitglieder" und drücken dann auf „Suchen".
4. Im nächsten Schritt werden Ihnen die Mitglieder angezeigt, auf die Ihr Suchprofil zutrifft. Nun erscheint über den Suchergebnissen der Hinweis „Suchauftrag anlegen". Klicken Sie mit der Maus darauf, öffnet sich ein neues Fenster. Nun können Sie dem Suchauftrag einen Namen geben und auswählen, ob Sie einmal wöchentlich – am Sonntag – oder täglich per Mail informiert werden, wenn sich ein neues Mitglied anmeldet, das Ihren Suchkriterien entspricht.

Auf diesem Weg lassen sich nun verschiedene Suchaufträge speichern. Dabei können Sie auch gezielt nach Personalverantwortlichen in den Unternehmen oder bestimmten Führungspositionen suchen. Suchaufträge lassen sich übrigens auch für Jobangebote anlegen.

Xing: Premiummitglieder finden mehr
Xing unterscheidet zwischen verschiedenen Mitgliedschaften. Die **Basismitgliedschaft** ist kostenlos, hat aber gegenüber der Premiummitgliedschaft einige relevante Einschränkungen. So werden Basismitgliedern bei der Suche nur 15 Treffer angezeigt, **Premiummitgliedern** 300. Zudem können nur Premiummitglieder Nachrichten an Nicht-Kontakte schreiben.

3.4.1 In Gruppen aktiv – ohne lange Recherche

Auch Ihr Engagement in relevanten Gruppen erfordert keine tägliche, stundenlange Recherchearbeit. Bleiben wir bei Xing: Um hier effizient vorzugehen, wählen Sie auf der Startseite den Reiter „Gruppen" aus und geben in der Suchmaske den entsprechenden Suchbegriff ein. Xing listet Ihnen nun alle zu Ihrer Suche passenden Gruppen auf.

Haben Sie interessante Gruppen gefunden, die sich mit Themen rund um Ihre Kompetenzen beschäftigen, können Sie nun aktiv werden. Beispielsweise, indem Sie auf Fragen in den Foren antworten. Alternativ können Sie Hinweise zu neuen Studien, aktuellen Entwicklungen oder spannenden Bücher und Fachbeiträge posten. Kurz: Alles, was Ihre Kompetenz sympathisch unterstreicht.

Achten Sie in den kommenden ein, zwei Stunden darauf, ob andere Mitglieder auf Ihr Posting antworten. Fragen sollten Sie zeitnah beantworten. Auch auf Bestätigung und Danksagungen für die Hinweise können Sie reagieren.

Für diese Form des Selbstmarketings stehen Ihnen bei Xing über 66.000 Fachgruppen zur Verfügung. Damit Ihnen hier keine spannende Diskussion entgeht, können Sie sich von Xing automatisch über neue Beiträge in den Gruppen informieren lassen. Dazu klicken Sie auf der Startseite der jeweiligen Gruppe rechts oben auf die Schaltfläche „E-Mail-Benachrichtigungen". Nun öffnet sich eine Seite, auf der Sie für alle Gruppen, in denen Sie Mitglied sind, auswählen können, ob Sie neue Gruppenbeiträge, Moderatoren-Infos und Eventeinladungen per Mail erhalten möchten. Eine Auswahl einzelner Gruppenforen ist leider nicht mehr möglich.

Um Gruppenbeiträge zu abonnieren, müssen Sie Mitglied in der Gruppe sein. Bei einigen Gruppen wird dazu die Angabe eines Grundes gewünscht, bevor man als Mitglied begrüßt wird. Dieses Vorgehen soll eine inhaltliche Qualität in den Postings gewährleisten. Lassen Sie sich nicht davon abschrecken – mehr als Nein sagen kann ein Gruppenmoderator nicht.

Durch die E-Mail-Benachrichtigungen sparen Sie viel Zeit. Jede Mail enthält den Titel des Postings, den Absender sowie einen Link, der Sie direkt zum Posting führt. Damit können sie bei jeder Benachrichtigung entscheiden, ob sich der Klick auf den Link für Sie lohnt.

Bei LinkedIn finden Sie die Gruppen oben unter dem Reiter „Interessen", über den Sie auch Zugang zu den Unternehmensseiten im Netzwerk haben.

Zur richtigen Zeit am richtigen (digitalen) Ort

4

Bleibt die Frage, wie Sie unter den potenziellen Kandidaten im richtigen Moment gefunden werden. Wie Sie Ihre Präsenz so gestalten, dass Ihre Qualifikationen und Interessen im richtigen Licht erscheinen. Und wie Sie die für Sie relevanten Netzwerke identifizieren.

Antworten auf diese und weitere Fragen erhalten Sie auf den folgenden Seiten. Wir zeigen Ihnen auf, welche Netzwerke Sie wie für Ihre Karriere nutzen können. Worauf Sie bei Ihren Profilen achten sollten und wie Sie im Social Web persönliche Netzwerke aufbauen können.

Gefragt ist zunächst einmal Basisarbeit. Denn auch wenn der potenzielle Arbeitgeber im World Wide Web nur einen Mausklick entfernt ist, wird sich der Erfolg nicht von heute auf morgen einstellen. Gerade wenn es um begehrte Positionen geht, die nicht den Weg in die Online-Stellenbörsen finden, brauchen Sie Geduld. Und die entsprechende Strategie, für die Sie hier zahlreiche Anregungen finden werden.

Jedes soziale Netzwerk hat seine Stärken und Schwächen. Während sich Xing und LinkedIn als Business-Netzwerk positioniert haben, galt Facebook lange Zeit als Netzwerk für Schüler und Jugendliche und beginnt erst jetzt, sich als Karriere-Netzwerk zu profilieren.

Wer die Stärken und Schwächen sowie die Nutzergruppen der Netzwerke kennt, kann sie optimal für sich nutzen, ohne sich zu verzetteln. Deshalb schauen wir einmal genauer hin.

© Springer Fachmedien Wiesbaden 2015
A. Scheel, H. Steinmetz, *Selbstmarketing im Social Web,* essentials,
DOI 10.1007/978-3-658-09383-9_4

4.1 Xing – Platzhirsch in Deutschland

Mehr als 14 Mio. Mitglieder weltweit, davon etwa 7,7 Mio. im deutschsprachigen Raum (Stand September 2014), nutzen Xing (www.xing.de) als Business-Plattform. Inhaltlich geht es dabei um Aufträge, Jobs und den fachlichen Austausch untereinander. Dieser geschieht in den über 66.000 Fachgruppen, die von „A Capella Musik" und „Automotive" bis hin zu „Zulieferer in der Medizintechnik" unterschiedlichste Branchen, aber auch Regionen und Märkte sowie Themen abdecken. Darüber hinaus gibt es regionale Gruppen, bei denen sich die Mitglieder auch regelmäßig treffen und so ihr persönliches Netzwerk außerhalb des Internets pflegen.

Für Jobsuchende bietet Xing dabei zwei Formen der Mitgliedschaft: Die kostenlose Basis-Mitgliedschaft sowie die kostenpflichtige Premium-Mitgliedschaft. Als Basis-Mitglied können Sie Mitglied in Gruppen werden, Gruppen gründen und sich als Moderator in Gruppen engagieren. Nachteilig ist die begrenzte Möglichkeit, mit anderen Mitgliedern Kontakt aufzunehmen. So können Nachrichten nur innerhalb des eigenen Netzwerkes versendet werden. Auch wird bei der Suche nach Mitgliedern die Anzeige stark eingeschränkt: Basismitgliedern werden 15 Suchergebnisse angezeigt, während Premiummitglieder immerhin 300 Treffer auf Relevanz durchsehen können. Auch die „Erweiterte Suche", wie sie auf Seite (18) beschrieben wurde, steht nur Premiummitgliedern zur Verfügung.

Premiummitglieder zahlen einen Monatsbeitrag von 4,95 bzw. 5,95 € (abhängig von der Abo-Laufzeit) und können dafür folgende erweiterte Funktionen nutzen:

- Monatlich 20 Nachrichten an Nicht-Kontakte
- Suche nach Mitgliedern in der „erweiterten Suche" mit Nutzung der Suchfilter „derzeitiges Unternehmen", „Sprache" und „Beschäftigungsart" u. a.
- bis zu 20 Suchaufträge (s. Seite 18)
- Referenzen von anderen erhalten und im Profil hinterlegen
- Arbeitsproben, Zeugnisse etc. hinterlegen

Ein weiterer positiver Effekt: Als Premiummitglied können Sie sehen, wer Ihr Profil aufgerufen hat. Damit wissen Sie, ob Sie das Interesse eines Recruiters geweckt haben – und können mit Hinweis auf seinen Profil-Besuch mit ihm Kontakt aufnehmen.

Als Business-Netzwerk bietet Xing seinen Mitgliedern zahlreiche Möglichkeiten, sich über vakante Stellen zu informieren, seine Kompetenz unter Beweis zu stellen oder aber auch mit Recruitern in Kontakt zu kommen. Wichtig sind dabei vor allem folgende Aspekte:

1. Klicken Sie in Ihrem Profil auf „Karrierewünsche bearbeiten".
2. Geben Sie hier wahlweise „Aktiv auf Jobsuche" oder „Nicht auf Jobsuche, offen für Angebote" an. Wichtig: Achten Sie darauf, wer diese Einstellung sehen kann! Wenn Sie nicht möchten, dass Ihr aktueller Chef oder Ihre Kollegen die Einstellung sehen, wählen Sie unter „Wer darf diese Einstellung sehen" „Nur Recruiter" an. Die Diskretion ist gewahrt. Aber bedenken Sie, dass nur die Nutzer des speziellen Recuiting Tools „XING Talentmanager" Ihren Eintrag sehen können. Sie erreichen also bei weitem nicht alle Personaler in Xing.
3. Durch weitere Angaben in diesem Fenster können Sie die Chance erhöhen, passende Angebote zu erhalten. Abgefragt werden dazu Ihre Umzugsbereitschaft, bevorzugte Arbeitsorte, Branche und Tätigkeitsfeld.
4. Jobangebote finden sich in fast allen Fachgruppen. Häufig gibt es innerhalb der Gruppen dazu ein eigenes Forum mit aktuellen Job-Angeboten.
5. Neben einzelnen Personen präsentieren sich auch Unternehmen auf Xing. Diese nutzen dazu Unternehmensprofile und veröffentlichen ihre Stellenangebote auf Xing. Mitglieder bekommen Job-Empfehlungen auf ihrer Startseite angezeigt. Durch den Klick auf „Weitere Jobs" kommen Sie zur Job-Börse und können diese gezielt nach passenden Angeboten durchsuchen.
6. Xing zeigt Ihnen auch „Jobs aus Ihrem Netzwerk" an. Dort finden Sie Angebote aus Ihrem erweiterten Netzwerk sowie die Angabe, welcher Ihrer Kontakte einen persönlichen Draht zum ausschreibenden Unternehmen hat. So können Sie entweder weitere Informationen zu dem potenziellen Arbeitgeber einholen oder aber sich direkt von Ihren Kontakten empfehlen lassen.
7. Auch die Suche nach Stellenangeboten können Sie durch Suchaufträge automatisieren.
8. Für Freiberufler und Selbstständige bietet sich darüber hinaus die Suche nach Projekten an. Auch hier lassen sich entsprechende Voreinstellungen speichern und so die Suche automatisieren. Gehen Sie dazu auf den Reiter „Stellenmarkt" und dann auf „Übersicht Projekte". Wenn Sie auf den Link „Stichworte und Ort eingeben, suchen und dann Suchauftrag anlegen" klicken, erhalten Sie regelmäßig Informationen über für Sie relevante Projekte.

Mit diesen Optionen können Sie Ihr persönliches Netzwerk aufbauen bzw. erweitern und sich aktiv nach offenen Positionen umsehen. Darüber hinaus bietet Xing – wie bereits berichtet – zahlreiche Möglichkeiten der Selbstvermarktung. Dazu zählen beispielsweise Postings in den Gruppen sowie die Teilnahme an persönlichen Treffen.

Ähnlich wie bei Facebook fordert Xing Sie auf der Startseite dazu auf, Neuigkeiten mit Ihrem Netzwerk zu teilen. Nutzen Sie den Platz um beispielsweise darauf hinzuweisen, dass Sie an einer Fachmesse oder einem Kongress teilnehmen. Alternativ können Sie auch auf interessante Websites hinweisen, Links teilen oder eine Umfrage starten.

Die Information, die Sie hier posten, wird auf der Startseite Ihrer Kontakte angezeigt und ist damit eine gute Chance, sich in Erinnerung zu rufen.

4.2   LinkedIn – Business-Netzwerk für internationale Karriere

Auch LinkedIn (www.linkedin.com) hat sich auf Geschäftskontakte spezialisiert. Das soziale Netzwerk wurde 2003 von Konstantin Guericke und Reid Hoffmann in den USA gegründet. Ende des 3. Quartals vermeldete das Netzwerk weltweit etwa 332 Mio. Mitglieder, von denen im deutschsprachigen Raum etwa 6 Mio. Nutzer leben dürften.[1]

In Deutschland, Österreich und der Schweiz hat Xing weiterhin die Nase vorn. Spannend ist LinkedIn trotzdem. Zum einen sind hier mehr Manager unterwegs als bei Xing, zum anderen ist das Netzwerk internationaler – und damit für diejenigen interessant, die an einer Position im Ausland interessiert sind.

Auch LinkedIn differenziert zwischen kostenlosen und kostenpflichtigen Mitgliedschaften. Dabei gilt: Je mehr Sie zahlen, umso mehr dürfen Sie sehen. Bei der kostenlosen Basismitgliedschaft sehen Mitglieder, wer sich ihr Profil angesehen hat. Diese Informationen stellt das Netzwerk allerdings nur eingeschränkt zur Verfügung. Ansehen können sich Basismitglieder die vollständigen Profile von Kontakten des 1. und 2. Grades.

Der Versand von Nachrichten ist den Mitgliedern vorbehalten, die sich für eine der verschiedenen Versionen der kostenpflichtigen Mitgliedschaft entschieden haben. Hier variiert die Anzahl der Nachrichten zwischen 3 bis 30 pro Monat.

Weitere Unterschiede bei den Mitgliedschaften gibt es bei der Premiumsuche, die Basis-Mitgliedern nicht zur Verfügung steht, den angezeigten Suchergebnissen sowie den gespeicherten Suchen.

---

[1] https://buggisch.wordpress.com/2015/01/07/social-media-und-soziale-netzwerke-nutzer-zahlen-in-deutschland-2015/, abgerufen am 13. Januar 2015.

In LinkedIn ist Ihr persönliches Profil der Dreh- und Angelpunkt. Ähnlich wie bei Xing geht es hier um Ihre berufliche Laufbahn und Ihre Erfahrungen. Dabei bietet Ihnen das Netzwerk die Möglichkeit, auf Publikationen oder einzelne Projekte hinzuweisen.

Die eigenen Kenntnisse können hier ins richtige Licht gesetzt werden. Anders als bei Xing können Ihre Kontakte Ihr Fachwissen bestätigen – und dies, ohne dass Sie aktiv werden müssen. LinkedIn informiert Ihr Netzwerk automatisch über Änderungen an Ihrem Profil und fordert Ihre Kontakte dazu auf, neue Angaben zu Ihren Fähigkeiten zu bestätigen.

Beim Besuch des sozialen Netzwerks erscheint in regelmäßigen Abständen die Frage, ob Sie jemanden für diese oder jene Fähigkeit empfehlen möchten. So wie Ihnen geht es auch Ihren Kontakten. Dabei reicht ein Mausklick für die Empfehlung aus.

4.2.1   Netzwerk erweitern und „Marke Ich" aufbauen

Auch ohne kostenpflichtige Mitgliedschaft können Sie bei LinkedIn Ihr Netzwerk erweitern. Dabei können Sie als Basismitglied die Kontakte Ihrer Kontakte, also die Kontakte 2. Grades, sowie Mitglieder in gemeinsamen Gruppen kontaktieren und in Ihr Netzwerk einladen, in dem Sie auf das Stichwort „Vernetzen" klicken. Die gezielte Suche nach Mitgliedern des Netzwerks erfolgt auch hier über die „erweiterte Suche", die Sie oben im Bildschirm anklicken können. Nun können Sie Suchkriterien wie Namen, Position, Unternehmen und andere Kriterien angeben und sich die Treffer anzeigen lassen.

Darüber hinaus können Sie – analog zu Xing – Ihre Kompetenz in den zahlreichen Gruppen unter Beweis stellen, die sich in den letzten Jahren bei LinkedIn gebildet haben. Auch hier ist das Spektrum breit gestreut. Da es sich um ein internationales Netzwerk handelt, werden Sie viele Beiträge auf Englisch finden. Werfen Sie also Ihre Fremdsprachenkenntnisse in die Waagschale oder schließen Sie sich einer der zahlreichen deutschsprachigen Gruppen an. Für Ihre Kommunikation mit den anderen Mitgliedern sowie die Erweiterung des Netzwerks ist die Mitgliedschaft in diesen Gruppen auch deshalb relevant, weil Sie so mit anderen Mitgliedern in Kontakt treten können.

Natürlich können sie auch hier die Gruppen für Fachbeiträge nutzen, Beiträge liken oder Ihre Kontakte an aktuellen Entwicklungen teilhaben lassen. Über die obere Navigationsleiste können Sie sich die Gruppen anzeigen lassen, in denen Sie Mitglied sind. LinkedIn schlägt Ihnen zudem Gruppen vor, die aufgrund Ihres Profils für Sie interessant sein könnten.

Viele Mitglieder lassen sich einmal wöchentlich eine Zusammenfassung der neuen Gruppenbeiträge zusenden. Durch Antworten oder eigene angestoßene Diskussionen können Sie sich also auch gezielt bei den Mitgliedern in Erinnerung rufen – oder bekannt machen – die das Netzwerk in der entsprechenden Woche nicht aktiv besucht haben.

Zudem gibt es auch innerhalb der Gruppen sogenannte Stellendiskussionen. Hier werden Stellenangebote kurz vorgestellt und mit einem Link zu weitergehenden Informationen versehen.

4.3 Facebook – mehr als nur ein Netz von Freunden

Mit 1,35 Mrd. aktiven Nutzern (September 2014) ist Facebook das größte soziale Netzwerk weltweit. Allein in Deutschland verzeichnet das Netzwerk 27 Mio. User, Tendenz steigend (de.statista.com)

2004 von Mark Zuckerberg für Studenten entwickelt, liegt das Durchschnittsalter des typischen Facebook-Nutzers zurzeit bei etwa 38 Jahren. Dabei verbindet Facebook die Menschen über Grenzen hinweg, ersetzt persönliche Verabredungen und hilft so nicht nur Ex-Studenten dabei, ihre Freundschaften zu pflegen.

Obwohl Facebook hinsichtlich des Datenschutzes kontrovers diskutiert wird, bietet das Netzwerk Unternehmen ein gewaltiges wirtschaftliches Potenzial und vor allem den Zugang zu Millionen potenzieller Kandidaten. Um mit diesen ins Gespräch zu kommen, bieten Unternehmen sogenannte Karriere-Sites an. Dabei handelt es sich um eine Facebook-Seite, auf der ein Unternehmen Einblicke ins Unternehmen gibt, offene Positionen postet und mit Kandidaten in den Dialog tritt. Vorreiter bei den Karriere-Sites war Siemens im Jahr 2008. Heute hat die Site über 16.700 Fans (13.01.2015), die sich über Karrierechancen in dem Konzern informieren. Heute gibt es über 300 Karriere-Sites mit mindestens 100 Fans, die um die Aufmerksamkeit der User buhlen.[2]

Diese Entwicklung trägt auch das persönliche Profil bei Facebook Rechnung, das seit einiger Zeit auch Informationen zu Arbeit und Ausbildung vorsieht. Im Mittelpunkt stehen aber weiterhin private Angaben wie Hobbys, bevorzugte Musik, gelesene Bücher und bevorzugte Sportarten.

Möchten Sie Facebook dazu nutzen, potenzielle Arbeitgeber auf sich aufmerksam zu machen, sollten Sie diesen den beruflichen Angaben besondere Aufmerksamkeit schenken. Und dies in doppelter Hinsicht: Zum einen spielt hier natürlich die Frage eine Rolle, welches Bild Sie von sich aufgrund der gemachten Anga-

---

[2] https://www.facebook.com/karriere.fanpages?fref=ts; Posting vom 5. März 2013, abgerufen am 13.01.2015.

ben von sich entwerfen. Zum anderen können Sie aktiv steuern, wem Sie welche Informationen zugänglich machen möchten. Dies geschieht durch entsprechende Einstellungen in Ihrer Privatsphäre. Dazu klicken Sie einfach oben rechts auf das Zahnrad und öffnen dann die Privatsphären-Einstellung.

Nun können Sie festlegen, ob Ihre Beiträge für alle Facebook-Mitglieder, nur für Ihre Freunde oder auch für die Freunde Ihrer Freunde – also die Kontakte 2. Grades – zu lesen sind und wer die Beiträge in Ihrer Chronik lesen darf. In der Chronik finden sich all Ihre Aktivitäten auf Facebook – Ihre (freigegebenen) Postings, neue Freundschaften und neue „Gefällt mir"-Angaben. Darüber hinaus werden hier auch die Beiträge angezeigt, die Sie mit anderen geteilt haben oder in denen Sie erwähnt wurden.

Möchten Sie die Leserechte für einzelne Beiträge erweitern oder ändern, klicken Sie vor der Veröffentlichung auf das Icon „Freunde" direkt neben „Posten". Dort haben Sie alle Möglichkeiten, den Beitrag öffentlich zu machen oder aber für eine bestimmte Zielgruppe oder Personen einzuschränken.

In Ihren Privatsphäre-Einstellungen können Sie übrigens auch entscheiden, wer Sie kontaktieren darf, wer Sie anhand E-Mail-Adresse und Telefonnummer finden darf und ob Ihre Chronik von anderen Suchmaschinen gefunden werden darf. Trotz aller Kritik bietet Facebook also zahlreiche Möglichkeiten, die eignen Daten zu schützen und die Kontrolle darüber zu erhalten, wer was von Ihnen erfahren darf.

Damit Sie diese Hoheit nicht aus der Hand geben, sollten Sie Ihre Einstellungen von Zeit zu Zeit prüfen und zudem bei der Verwendung von Apps sehr kritisch mit der Datenfreigabe umgehen. Denn die kleinen Programme – beispielsweise Spiele oder Geburtstagskalender – erbitten sich den Zugriff auf die Kontaktdaten Ihrer Facebook-Freunde. Diese werden dann mit ungefragten Aufforderungen genervt.

Wer bei Facebook aktiv ist, wird sehr schnell Freundschaftsanfragen von Kollegen, ehemaligen Schulkameraden und Kommilitonen erhalten. Gefunden werden die alten Freunde und Bekannten ganz einfach über die Suchfunktion oben im Fenster. Hier können Vor- und Nachname, die Universität, der Ort oder auch der Arbeitgeber angeben werden. Probieren Sie es einmal aus – Sie werden überrascht sein, wen Sie hier finden werden!

Geben Sie beispielsweise einen Unternehmensnamen ein, zeigt Facebook in der Trefferliste – sofern im Netzwerk vorhanden – die Unternehmens-Site, Karriere-Sites, Gruppen sowie die Mitglieder an, die das Unternehmen als Arbeitgeber angegeben haben. Im englischsprachigen Raum bietet Facebook zudem die Suche mit Social Graph an, die später auch in Deutschland Einzug halten soll. Dabei kann man beispielsweise nach „Personen, die gerne Klassik hören" suchen. Oder nach „Menschen aus meiner Heimatstadt". Dabei entscheiden die Privatsphäre-Einstellungen Ihres Profils bzw. Ihrer Beiträge darüber, was Ihre Facebook-Freunde in der Treffer-Liste sehen.

4.3.1 Eigenmarketing mit Facebook

Wie können Sie nun Facebook nutzen, um potenzielle Arbeitgeber auf sich aufmerksam zu machen und sich für Ihren künftigen Job zu empfehlen? Hierzu bietet Ihnen das soziale Netzwerk folgende Möglichkeiten:

1. Suchen Sie sich auf Facebook die Unternehmen, die Sie als künftigen Arbeitgeber attraktiv finden und werden Sie ein Fan. Dazu klicken Sie auf der Facebook-Site des Unternehmens einfach auf „Gefällt mir". Damit bekunden Sie nicht nur Ihre Sympathie und Ihr Interesse, sondern erhalten künftig auch die Postings des Unternehmens auf Ihrer Facebook-Startseite.

2. Das Unternehmen bietet offene Positionen an, die für Sie selbst nicht in Frage kommen? Dann teilen Sie diese Informationen doch mit Ihren Freunden: Klicken Sie dazu unterhalb des Postings auf den Link „Teilen". Anschließend öffnet sich ein Fenster. Nun können Sie den Inhalt innerhalb Ihres Netzwerks verbreiten. Um sicher zu gehen, dass Ihr potenzieller Arbeitgeber dies auch mit bekommt, erwähnen Sie den Unternehmensnamen in Ihrem Posting. Der Seitenbetreiber wird dann darüber informiert, dass er von Ihnen erwähnt wurde.

3. Die Erwähnung des Unternehmen-Namens funktioniert auch bei weiteren Postings. Allerdings sollten Sie darauf achten, dass zwischen Inhalt und Unternehmen wirklich ein Zusammenhang besteht. Anlass für Postings sind Jubiläen, veröffentlichte Zahlen, Pressemitteilungen oder Studien sowie neue Produkte.

4. Facebook bietet Ihnen die Möglichkeit, Ihrer Arbeitsstelle „Projekte" hinzuzufügen. Damit können Sie auf besondere Leistungen oder aktuelle Herausforderungen aufmerksam machen. Achten Sie aber darauf, dass Sie keine Interna verraten!

5. Recherchieren Sie nach Facebook-Gruppen, die sich mit Ihren berufsbezogenen Themen beschäftigen und diskutieren Sie aktiv mit. Achten Sie darauf, dass Ihre Beiträge für die Leser einen Nutzwert haben – wer hier nur Eigenwerbung macht, fällt negativ auf. Schaffen Sie es, sich hier als Expertin zu positionieren, werden Ihre Beiträge innerhalb des Netzwerks geteilt, so dass sie eine größere Verbreitung finden und Sie mit der Aufmerksamkeit potenzieller Arbeitgeber rechnen können.

6. Sie sind Experte oder Expertin zu einem bestimmten Thema? Dann richten Sie dazu doch Ihre eigene, themenbezogene Site bei Facebook ein und laden Sie Ihre Freunde dazu ein, die Inhalte innerhalb ihres Netzwerks zu teilen. Diese Option ist – ebenso wie die Mitgliedschaft bei Facebook – kostenlos. Achten Sie darauf, dass die Inhalte öffentlich sind, damit sie auch von potenziellen Arbeitgebern gefunden werden.

7. Sind Sie bei Xing und Facebook aktiv? Dann geben Sie in Ihrem Xing-Profil
   Ihre Facebook-Site als weiteres Profil im Netz an und sorgen Sie so dafür, dass
   sich potenzielle Arbeitgeber besser über Ihre Kompetenzen und Ihr Engagement informieren können.

Facebook: Mit themenbezogenen Sites Aufmerksamkeit erhalten

Die eleganteste Weise, sich in Facebook als Experte zu positionieren, ist
eine eigene, fachspezifische Seite einzurichten. Klicken Sie dazu links auf
„Seite". Es öffnet sich ein neues Fenster, in dem Sie nun auf den Button
„+ Seite erstellen" klicken. Nun haben Sie die Wahl aus verschiedenen
Optionen. Wählen Sie die aus, die am besten passt und wählen Sie anschließend die entsprechende Unterkategorie aus. Die gewählten Einstellungen
lassen sich anschließend anpassen und ergänzen.

Im nächsten Schritt geht es um die Bezeichnung der sogenannten Fan
Page. Die Fan Page zum Buch „Personalmarketing im Social Web" hat beispielsweise den Namen www.facebook.com/Personalsuche. Facebook fordert Sie anschließend auf, den Richtlinien zuzustimmen. Ist dies erfolgt,
klicken Sie auf „Los geht's".

Nach diesen Vorbereitungen können Sie die Seite einrichten. Dazu gehört
beispielsweise die Gestaltung durch Hintergrund- und Titelbild und die Eingabe des Info-Textes. Beschreiben Sie kurz die Intention Ihrer Site. Wenn
vorhanden kann hier auch eine Web-Adresse eingefügt werden. Achtung:
Facebook-Seiten unterliegen der Impressums-Pflicht! Weitere Informationen dazu erhalten Sie unter anderem hier: http://www.e-recht24.de/artikel/
facebook/6896-facebook-impressum-generator.html

Nun können Sie anfangen, die Facebook-Seite mit Inhalten zu füllen und
Ihre Freunde dazu einladen, Fans Ihrer Seite zu werden. Damit erhöhen Sie
die Verbreitung und die Chance, dass potenzielle Arbeitgeber auf Sie aufmerksam werden.

4.4   Google + – der Neuling kommt in Fahrt

In Sachen Social Network ist Google ein wahrer Spätzünder: Erst im Juni 2011
ging mit Google + das soziale Netzwerk des amerikanischen Giganten online. Dass
Google + heute über 190 Mio. aktive Nutzer im Monat weltweit sowie 390 Mio.
Nutzer von G+ -Funktionen zählt, liegt auch an der Marktmacht des Konzerns.

Denn Google+ ist nicht einfach nur ein weiteres soziales Netzwerk sondern verbindet sämtliche Google-Dienste wie Gmail, You Tube und auch die Suchmaschine miteinander. Wer hier aktiv ist, verbessert also auch das eigene Ranking bei der Google-Suche. Zudem werden bei der eigenen Suche – sofern man eingeloggt ist – auch Treffer innerhalb des eigenen sozialen Netzwerks berücksichtigt.

Dies können Sie für Ihre Karriere strategisch nutzen, in dem Sie Ihr Profil mit den entsprechenden Angaben zum Beruf, Ihren Kompetenzen und den ehemaligen sowie aktuellen Arbeitgeber(n) und der Ausbildung ausstatten Darüber hinaus kann jeder eine kleine Selbstbeschreibung verfassen und in der Rubrik „Geschichte" veröffentlichen. Hier finden auch ein Motto sowie weitere Stichworte unter „Dies und Das" Platz. Wer mag kann zudem angeben, wo er gewohnt hat bzw. aktuell wohnt, ob er Single, verlobt, verheiratet, geschieden oder verwitwet ist, welchen Mädchennamen man getragen hat und ob man Freunde, eine Beziehung, Verabredungen sucht oder an Networking interessiert ist. Bei den Kontaktinformationen wird zwischen privaten und geschäftlichen Daten unterschieden. Wie ausführlich die Angaben gestaltet werden, liegt am Nutzer selbst – angefangen von der Adresse bis hin zu Telefon, Fax, Handynummer und E-Mail kann hier alles angegeben werden. Berücksichtigt werden sollte dabei aber auf jeden Fall die Impressums-Pflicht, die in Deutschland für Websiten gilt – als solche werden nämlich auch die Profile in den Sozialen Netzwerken angesehen. Klarname, Adresse sowie Telefonnummer und E-Mail sollten deshalb angegeben werden. Wer mag, kann zudem in der Rubrik „Links" auf das Twitter-Profil, Blogs und Websiten verweisen. Zudem lässt sich das eigene Google-Profil mit Apps verbinden. Auch Google+ ermöglicht die Veröffentlichung eines eigenen Fotos sowie eines Hintergrundbildes.

Die angelegten Profile lassen sich nach Schlagwörtern durchsuchen. Dabei entscheiden Ihre Privatsphären-Einstellungen, wer Sie unter welchen Schlagwörtern finden kann: Bei jeder Angabe können Sie einstellen, ob die Angabe öffentlich, für alle Ihre Kreise oder aber für bestimmte, ausgewählte Kreise sichtbar sind. Dazu klicken sie bei der Angabe einfach auf den Menü-Punkt „Erweitere Kreise" und suchen sich dann die gewünschte Zielgruppe aus dem Pop-up-Menü aus.

4.4.1   Eigenes Netzwerk erweitern

Bei Google+ kann man sein Netzwerk erweitern, ohne dass ein anderes Mitglied zustimmen muss. Dies geschieht ganz einfach, in dem man ausgewählte Personen seinen eigenen Kreisen zufügt. Dabei können Sie Familie und Freunde ebenso eigenen Kreisen zuordnen wie beispielsweise berufliche Kontakte.

Gerade diese Einordnung der Kontakte in Kreise ist in puncto Eigenmarketing attraktiv, da Sie so zumindest bedingt steuern, wer welche Information erhält. So können Sie sich mit Ihrer Familie über den geplanten Urlaub austauschen und mit den Freunden über den geplanten Theaterbesuch. Ihre beruflichen Kontakte können Sie über eine neue Studie informieren – die für Ihre jüngere Schwester wahrscheinlich völlig uninteressant ist.

Trotzdem sollten Sie mit dem, was Sie hier posten, vorsichtig sein. Denn jede Person, die Ihr Posting liest, kann es nun wiederum mit anderen teilen. Damit können die Informationen über den geplanten Urlaub also auch für User außerhalb Ihrer Familie sichtbar werden.

Um das eigene Netzwerk auf Google + zu erweitern bietet es sich natürlich auch hier an, in den relevanten Gruppen – hier Communities genannt – mitzudiskutieren. Suchen Sie dazu einfach über die Suchmaske nach den Themen, die für Sie relevant sind. Die Suche nach „Projektmanagement" bringt beispielsweise allein bei „Profile und Seiten" über 100 Treffer. Um ein Profil oder eine Seite zu Ihren Kreisen hinzuzufügen klicken Sie einfach auf „Folgen" und wählen den gewünschten Kreis aus bzw. legen einen neuen Kreis an.

Möchten Sie nur über die Postings informiert werden, die jemand veröffentlicht, aber selbst keine Inhalte mit ihm teilen, klicken Sie einfach auf „nur folgen".

Möchten Sie sich als Experte für ein bestimmtes Thema positionieren, können Sie zudem bei Google + eine eigene Seite anlegen. Dazu klicken Sie einfach auf den Button „Übersicht" links oben und wählen aus dem sich öffnenden Menü „Seiten" und dann „Seiten erstellen". Nun können Sie aus verschiedenen Kategorien die auswählen, die am besten zu Ihrem Anliegen passt. Auch hier zeigt sich der Mix aus Business und Privatem: Damit jeder die für sich passende Kategorie findet, gibt es unter anderem die Kategorie „Sonstiges".

Anschließend können Sie Ihrer Seite einen Namen geben und Sie mit einer Website verbinden. Ein Unterschied zu der persönlichen Google + -Seite ist der Info-Tab, der statt des „Über mich"-Tabs angezeigt wird. Geben Sie hier an, was Sie mit der Seite bezwecken. Das Feld „Motto" können Sie dabei für eine Kurzbeschreibung nutzen, die Sie dann unter „Über mich" weiter ausführen können.

Nutzen Sie bestehende Kontakte, um die Diskussion auf Ihrer Site in Gang zu bringen. Sprechen Sie den gewünschten Dialogpartner dabei mit „ +Name" an. Der Angesprochene wird im Text verlinkt und über Ihr Posting benachrichtigt. Dies passiert auch, wenn Sie einen Beitrag über die Einstellungen für ausgewählte Kreise oder Personen sichtbar machen.

Gerade aufgrund der Präsenz bei den Suchergebnissen bietet sich Google + an, um den eigenen Experten-Status aufzubauen. Möglicherweise hat sich das Social Network deshalb als Experten-Netzwerk etabliert, das nun zunehmend auch für Recruiter interessant wird.

4.5   Twitter – 140 Zeichen mit Potenzial

Seit 2006 ist der Microblogging-Dienst Twitter (www.twitter.com) online. Mit ihm lassen sich Kurznachrichten in Windeseile um den gesamten Globus verteilen. Dank der Suchfunktion erreicht man dabei auch Menschen, die man persönlich nicht kennt.

Knapp 10 Mio. Twitterer nutzten 2013 in Deutschland den Kurznachrichtendienst, um ihre Follower auf dem Laufenden zu halten.[3] Dabei punktet das Netzwerk vor allem durch Schnelligkeit: Politische Unruhen, aktuelle Nachrichten, Kommentare zu aktuellen Fernsehsendungen oder dem Wahlkampf-Duell von Merkel und Steinbrück: Twitter gleicht einem Nachrichtenticker, der unaufhörlich Informationen ausspuckt. Dabei kann jeder User die „Nachrichtenkanäle" abonnieren, die für ihn interessant sind. Dies geschieht, ohne dass er den Absender fragen muss. Zudem lassen sich die Tweets schnell und einfach innerhalb des eigenen Netzwerks weiterverbreiten – die Grundvoraussetzung, um in Minutenschnelle Hunderte oder sogar Tausende von Menschen zu erreichen.

Auch hinsichtlich des Dialogs untereinander unterscheidet sich Twitter von anderen Netzwerken. Private Mitteilungen sind schlicht nicht vorgesehen. Bei Twitter passiert alles öffentlich. Um eine bestimmte Person anzusprechen, wird ein @ vor den Twitter-Namen gestellt. Nachrichten an Alexander Scheel würden beispielsweise mit der Erwähnung @_Talentscout versehen, Nachrichten an Heike Steinmetz mit @verbalis_. Gelesen werden diese Tweets jedoch nicht nur von der angesprochenen Person – sie werden in Ihrem gesamten Netzwerk verbreitet, können weitergeleitet und kommentiert werden.

Um relevante Themen zu finden, können Sie nach Schlagworten suchen. Um diese Suche zu vereinfachen, werden Schlagworte mit sogenannten Hashtags versehen. Dazu wird ein # vor das Schlagwort gesetzt. Die Verschlagwortung erfolgt innerhalb des Fließtextes oder aber am Ende des Tweets. Während des Wahlkampfduells im Fernsehen wurde beispielsweise unter den Hashtags #tvduell und #muttimachts diskutiert.

Um das eigene Netzwerk zu erweitern, können Sie unter anderem auf die Vorschläge von Twitter zurückgreifen oder aber aktiv nach Nutzern suchen. Dabei folgen sich die Mitglieder häufig gegenseitig. Entschließen Sie sich also dazu, einem Mitglied zu folgen, wird dieser in der Regel zu Ihrem Follower. So lässt sich Ihr Netzwerk bei Twitter schnell und zielgerichtet erweitern.

---

[3] http://www.twentyzen.com/de/fast-10-mio-twitter-nutzer-in-deutschland/.

4.5.1 Im Mittelpunkt: Das Profil und nutzwerte Informationen

Anders als bei Facebook, Xing und LinkedIn bietet Twitter nur wenig Raum, um sich mit einem Profil vorzustellen. Ein Foto, der eigene Name sowie der gewählte Twitter-Name, Standort, Website und eine kurze, prägnante Beschreibung in 160 Zeichen – das war es auch schon.

Da innerhalb Twitters auch nach Namen gesucht werden kann, sollten Sie bei der Anmeldung Ihren Klarnamen mit angeben. Damit erhöhen Sie die Chance, dass Personalverantwortliche, die vielleicht schon woanders auf Sie aufmerksam geworden sind, Sie bei Twitter finden. Etwas persönlicher wird Ihr Twitter-Auftritt zudem, wenn Sie Ihrem Profil eine persönliche Note geben. Dazu können Sie unter „Profil bearbeiten/Design" entweder aus einem der hinterlegten Designs ein Hintergrundbild wählen oder aber ein eigenes Bild laden. Auch der Verweis auf andere Profile oder die eigene Website ist möglich, um Personalverantwortlichen die diskrete Kontaktaufnahme vereinfachen. Sollten Sie neben Twitter auch in anderen Netzwerken aktiv sein, sollten Sie dort auf Ihr Twitter-Profil aufmerksam machen, um von Personalverantwortlichen einfacher und schneller gefunden zu werden.

Wie bei Facebook gibt es auch bei Twitter zahlreiche Nutzer, die ihren Followern einen guten Morgen wünschen oder sie darüber informieren, dass es gerade regnet. Angesichts der Informationsflut, die bei Twitter Tag für Tag verbreitet wird, schafft man sich mit solchen Tweets keine Freunde.

Stattdessen gilt es auch hier, vor allem nutzwerte Informationen zu verbreiten, mit denen Sie sich als Expertin bzw. Experte positionieren können. Berichten Sie beispielsweise über spannende Fachbeiträge, twittern Sie Erkenntnisse von der letzten Fachmesse oder geben Sie Tipps zu neuen Fachbüchern, die Sie gelesen haben. Bauen Sie Links in Ihre Tweets ein und verweisen Sie so auf andere Websiten oder längere Beiträge von Ihnen in anderen sozialen Netzwerken oder im eigenen Blog.

Auch für die Recherche, wo vakante Positionen frei werden, eignet sich Twitter gut: Zahlreiche Unternehmen nutzen Twitter, um ihre freien Positionen zu bewerben. Dies geschieht meist durch die Verlinkung auf den Karriereteil der eigenen Website oder zu einer Online-Stellenbörse. Indem Sie interessanten Unternehmen folgen, bleiben Sie ohne großen Aufwand über diese Angebote auf dem Laufenden.

Für eigene Post stehen Ihnen 140 Zeichen zur Verfügung. Trotzdem sollten Sie mit maximal 120 Zeichen pro Tweet auskommen. So können Ihre Follower beim Retweet – dem Weiterleiten Ihres Tweets – das übliche „RT @Ihr_Name" voranstellen und Sie so als ursprünglichen Absender nennen.

Um die Reichweite Ihrer Tweets zu erhöhen, können Sie Twitter mit anderen sozialen Netzwerken vernetzen und so Zeit sparen. Veröffentlichen Sie beispielsweise regelmäßige Status-Mitteilungen bei Xing, können Sie diese durch einen kleines Häkchen unter der Statuszeile direkt bei Twitter veröffentlichen.

Denken Sie daran, dass Ihre Twitter-Kontakte nur die ersten 140 Zeichen Ihrer Statusmeldung sehen können. Xing hinterlegt den Text, den man später auf Twitter sehen kann, blau. Längere Textpassagen, die später automatisch abgeschnitten werden, sind weiß hinterlegt.

Haben Sie eine eigene Website oder ein eigenes Blog, sollten Sie Ihre Tweets auch dort mit einbinden. Entsprechende Skripts lassen sich leicht im Internet finden. Suchen Sie einfach nach „twitter java blog einbinden" oder „twitter java homepage einbinden". Durch die Einbindung der Tweets können Sie Ihr Suchmaschinenranking positiv beeinflussen.

Um potenzielle Kandidaten auf sich aufmerksam zu machen, möchten sich immer mehr Unternehmen als „bevorzugter Arbeitgeber" positionieren. Das Stichwort heißt hier Employer Branding, also der Aufbau und die Pflege einer Arbeitgebermarke. Heißt: Wenn ich an die Firma X denke, dann denke ich an einen sicheren und attraktiven Arbeitsplatz.

Dazu entwickeln die Personalverantwortlichen gemeinsam mit den Kommunikationsabteilungen entsprechende Marketing-Strategien. Diese beinhalten unterschiedlichste Maßnahmen wie die Teilnahme an Karriere-Messen, Informationsmaterialien, aber auch Stellenausschreibungen, Veröffentlichungen in den Medien oder eben auch die Präsenz in den sozialen Netzwerken.

Ein weiterer Ansatz sind Auszeichnungen und Zertifikate, die einem Unternehmen beispielsweise bescheinigen, dass es sich gegenüber seinen Mitarbeitern fair verhält, ihnen entsprechende Entwicklungsmöglichkeiten gibt oder in einer anderen Form Verantwortung für sie übernimmt.

Vor dem Hintergrund des Fachkräftemangels haben diese Maßnahmen in den vergangenen Jahren zugenommen. Große Aufmerksamkeit schenken die Unternehmen dabei dem Social Web. Hier wird gepostet, werden Bilder und Videos gezeigt und fleißig auf die eigene Website verlinkt.

Diese Entwicklung hat für potenzielle Kandidaten Vorteile: Noch nie konnten Sie so schnell und so unkompliziert an Informationen über Arbeitgeber kommen. Ohne die eigene Wohnung zu verlassen, können Sie sich einen Überblick über das Image eines Unternehmens als Arbeitgeber verschaffen. An den Erfahrungen anderer teilhaben. Oder mit (Ex-)Mitarbeitern eines Unternehmens in Kontakt treten.

© Springer Fachmedien Wiesbaden 2015

A. Scheel, H. Steinmetz, *Selbstmarketing im Social Web*, essentials,

DOI 10.1007/978-3-658-09383-9_5

Dass Sie sich nicht auf diese offiziellen Informationen der Unternehmen beschränken müssen, ist dabei ein großer Vorteil. Als „weltweiter Marktplatz" bietet Ihnen das Internet jede Menge Informationen über potenzielle Arbeitgeber – positive ebenso wie negative. Neben Daten und Fakten, die meist auf den Websiten der Unternehmen oder aber auch in entsprechenden Wikipedia-Einträgen hinterlegt sind, finden Sie im Social Web ganz persönliche, subjektive Erfahrungen und Meinungen.

Vor allem Arbeitgeberbewertungsportale wie kununu.com laden dazu ein, Unternehmen oder auch einzelne Abteilungen hinsichtlich ihrer Arbeitgeberqualität zu bewerten. Aber auch in geschlossenen Gruppen oder Foren findet häufig ein Austausch über die Arbeitsatmosphäre, der Umgang von Vorgesetzten mit Mitarbeitern, Karrierechancen und vieles mehr statt.

Die beiden Absender – das Unternehmen auf der einen und (Ex-)Mitarbeiter auf der anderen Seite – verfolgen dabei unterschiedliche Ziele. Während das Unternehmen für sich wirbt, möchten die (Ex-)Mitarbeiter mal ihrem Frust Luft machen, mal eine Hilfestellung für potenzielle Bewerber geben.

Was bedeutet das für Sie? Aus der Vielzahl der Meinungen, Erfahrungen und Einschätzungen sowie den offiziellen Angaben des Unternehmens müssen Sie die Informationen herausfiltern, die für Sie relevant sind. Müssen vermeiden, verkappter PR aufzusitzen oder aber sich von einem enttäuschten Mitarbeiter blenden zu lassen.

Eine gute Nachricht vorab: Auch wenn prinzipiell jeder das Internet zur Meinungsäußerung und Informationsverbreitung nutzen kann, reguliert es sich quasi von selbst. Denn ganz gleich, ob Facebook, Xing, kununu oder das reale Leben: Der Spruch „Lügen haben kurze Beine" gilt überall. Nicht selten werden Negativ-Erfahrungen positive gegenübergestellt. Oder darauf aufmerksam gemacht, das die Erfahrung eines Mitarbeiters eng mit einem bestimmten Vorgesetzten zusammenhängt. Andere Meinungen werden hingegen bestätigt.

So oder so sollten Sie die Postings nehmen wie sie sind: Die Meinungen Einzelner. Erst die Gesamtheit dieser Meinungen gibt ein erstes Bild. Zusammen mit den Informationen auf den Unternehmens-Websites, den Arbeitgeberbewertungsportalen und dem „Schwarmwissen" Ihres persönlichen Netzwerks können Sie schon bald abschätzen, ob Sie sich bei dem Unternehmen bewerben möchten.

5.1 Top-Arbeitgeber oder Ausbeuter? Arbeitgeberbewertungsportale geben Aufschluss

47 % der Arbeitnehmer sowie 51 % der Studenten und Absolventen sind dazu bereit, frühere, aktuelle oder künftige Arbeitgeber positiv oder negativ zu bewerten – so das Ergebnis einer Umfrage von Evaluba, die seit Kurzem zu bizzwatch ge-

hören (www.bizzwatch.de). Von dieser Bereitschaft können Sie profitieren – unter anderem in Form von sogenannten Bewertungsportalen wie bizzwatch oder kununu (www.kununu.com), einem Tochterunternehmen der Xing AG.

Laut Betreiber werden insgesamt 186.000 Unternehmen werden hinsichtlich Arbeitsklima, Work Live Balance, Verhalten von Vorgesetzten, Gehalt etc. bewertet (Stand: Mitte Januar 2015). Dies geschieht in über 749.000 Bewertungen. Weitere Portale, in denen Arbeitgeber bewertet werden, sind www.jobvoting.de, www.kelzen.com und www.meinChef.de.

Beteiligen kann sich an den Arbeitgeberportalen jeder, der das Unternehmen als (potenzieller) Mitarbeiter kennengelernt hat. Neben Bewertungen durch Mitarbeiter, die das Unternehmen bereits länger kennen, finden sich deshalb auch Einschätzungen durch Bewerber, die sich entweder gegen eine Mitarbeit entschieden haben oder aber nicht genommen wurden.

Die Bewertungen können von Abteilung zu Abteilung und bei Konzernen von Niederlassung zu Niederlassung schwanken. Sie sind, wie bereits weiter oben angedeutet, vor allem persönliche Momentaufnahmen. Ein Vorgesetzter in einer kaufmännischen Abteilung kann durch sein Verhalten ein anderes Ergebnis hervorrufen als der Logistik-Leiter im selben Unternehmen. Auch ein Wechsel bei den Vorgesetzten oder gar in der Geschäftsführung kann zu einem Anstieg positiver wie negativer Bewertungen führen.

Um sich ein Bild von einem Unternehmen zu machen, sollten Sie sich deshalb die Zeit nehmen, alle Bewertungen durchzusehen – auch, soweit vorhanden, die ergänzenden Kommentare. Sie werden schnell ein Gefühl dafür bekommen, ob sich jemand an einem Vorgesetzten aufgrund gefühlter ungerechter Behandlung rächen wollte, oder ob die Stimmung im Unternehmen wirklich zu wünschen übrig lässt.

kununu gibt Unternehmen zudem die Chance, sich auf dem Portal als Arbeitgeber zu präsentieren – durch Unternehmensinformationen, Fotos und Videos. Auch hier lohnt sich ein Klick in die hinterlegten Inhalte um zu sehen, wie sich das Unternehmen als Arbeitgeber positioniert.

Einen besonderen Service bietet übrigens die compamedia GmbH. Das Unternehmen lobt jährlich mit der Universität St. Gallen den Award „Top 100" aus. Dabei können sich mittelständische Unternehmer als Vorzeigearbeitgeber auszeichnen lassen.

Compamedia bündelt das Wissen über die Arbeitgeber in einem Onlinebewerbertool, das unter www.topjob.de kostenlos zur Verfügung steht. Stellensuchende können nun eingeben, was ihnen bei ihrem künftigen Arbeitgeber besonders wichtig ist. Stichwörter sind hier beispielsweise Eigenverantwortung, Familienfreundlichkeit oder selbstständiges Arbeiten oder Work-Live-Balance. Die Suchmöglichkeiten orientieren sich dabei an den Untersuchungskategorien der TOP JOB-Studie.

Als Suchergebnis erhalten Sie eine Liste der potenziellen Arbeitgeber mit Verlinkung zu weiterführenden Informationen, den Unternehmenswebsites und den Kontaktadressen.

5.2 Fragen kostet nichts – Das eigene Netzwerk als Informationsquelle

Sie sind bei Facebook, Xing und LinkedIn aktiv? Dann nutzen Sie doch Ihr Netzwerk, um Informationen über Ihren potenziellen Arbeitgeber zu erhalten. Um zu erfahren, welcher Ihrer Kontakte bei einem bestimmten Unternehmen beschäftigt ist oder war, bieten Ihnen die Netzwerke folgende Funktionen an:

1. **Erweiterte Suche bei Xing**: Klicken Sie oben rechts auf erweiterte Suche. In dem sich öffnenden Fenster geben Sie nun bei „Firma (jetzt)" den Namen des Unternehmens ein.
   Lassen Sie sich Ihre Kontakte 1. und 2. Grades anzeigen, um zu sehen, wen Sie ansprechen können. Erhalten Sie keinen Treffer – oder scheint es Ihnen unpassend, Ihre Kontakte anzusprechen – wiederholen Sie die Suche mit der Angabe „Firma (zuvor)".
2. **Gruppenmitglieder anzeigen lassen**: Suchen Sie in Xing nach einer (Alumni-) Gruppe des Unternehmens. Dies können Sie, indem Sie den Reiter „Gruppen" anklicken und dann den Unternehmensnamen in die Suchmaske eingeben.
   Wählen Sie nun „Gruppe" aus und klicken Sie auf „Suche". Auf der Gruppenseite ist nun rechts oben der Hinweis „Gruppenmitglieder anzeigen lassen". Wenn Sie darauf klicken erhalten Sie eine Übersicht über alle Mitglieder mit Hinweis darauf, ob es sich um einen Kontakt 1. oder 2. Grades von Ihnen handelt. Dies ist vor allem dann interessant, wenn Ihre Kontakte ehemalige oder aktuelle Arbeitgeber nicht in Ihren Profilen angegeben haben.
3. **Informationen unter Stellenangeboten nutzen**: Sie sind über ein Stellenangebot in Xing auf den potenziellen Arbeitgeber aufmerksam geworden? Dann scrollen Sie bis ans Ende des Angebots. Xing zeigt Ihnen hier Kontakte 1. und 2. Grades an, die Beziehungen innerhalb des Unternehmens haben. Statt sich – wie das Netzwerk es vorschlägt – von diesen empfehlen zu lassen, können Sie sich das Unternehmen von diesen Kontakten empfehlen lassen.
4. **Suche in Google+**: Auch beim Neuling unter den Netzwerken können Sie gezielt nach Kontakten suchen, die bei einem Unternehmen beschäftigt sind

oder waren. Hierzu nutzen Sie die Suchfunktion innerhalb des Netzwerks uns schauen dann einfach die Suchergebnisse durch. Google+ zeigt Ihre persönlichen Kontakte bevorzugt in der Trefferliste an.

5. **Kontakte in LinkedIn nutzen:** Ähnlich wie Xing bietet auch LinkedIn eine erweiterte Suche an, in der Sie gezielt nach Kontakten in anderen Unternehmen suchen können. Die Standard-Suchmaske sieht dazu die Angabe des aktuellen Unternehmens vor. Durch einen Klick auf „Früheres Unternehmen" können Sie die Suchmaske erweitern.

6. **Facebook-Freunde befragen:** Bei der Suche nach Kontakten, die bei einem Unternehmen arbeiten, zeigt sich bei Facebook deutlich, dass es sich um ein privates Netzwerk handelt. Viele Mitglieder haben diese Angabe nicht gemacht oder geben nur den aktuellen Arbeitgeber an. Trotzdem kann es sich auch hier lohnen, in der Suchmaske den Unternehmensnamen einzugeben und sich dann durch die Treffer-Liste zu klicken.

Wer mehr über ein Unternehmen wissen möchte, sollte sich zudem die Unternehmens-Website ansehen. Hier finden Sie fundierte Informationen über Geschäftsidee, Geschäftstätigkeit, Philosophie sowie über Produkte und Dienstleistungen. Hinweise zum sozialen Engagement, vorhandenen Zertifikaten und Auszeichnungen – auch als „bevorzugter Arbeitgeber" – lassen sich hier ebenfalls mit ein paar wenigen Mausklicks finden.

Klicken Sie sich durch die Rubriken und lesen Sie sich ein. Sofern vorhanden, sollten Sie auch einen Blick ins Kundenmagazin des Unternehmens werfen. Hier finden Sie Anhaltspunkte über aktuelle Entwicklungen, neue Kunden oder neue Standorte.

TNT Express wirbt beispielsweise aktiv auf der Website um neue Mitarbeiter. Der KEP-Dienstleister informiert über Business Excellence, sein Gesundheitsmanagement und sein Selbstverständnis als Arbeitgeber.

Aufschluss über die Entwicklung eines Unternehmens gibt zudem die Rubrik Presse. Hier finden sich Presseinformationen zu neuen Aufträgen und Dienstleistungen, neuen Führungskräfte oder über das soziale Engagement eines Unternehmens. Diese Informationen können Sie nutzen, um sich ein eigenes Bild von Ihrem potenziellen Arbeitgeber zu machen. Gleichen Sie die Informationen mit denen ab, die Sie im Social Web über das Unternehmen gefunden haben. Suchen Sie gezielt nach Pressemitteilungen, die sich mit dem Thema Mitarbeiter beschäftigen – beispielsweise zum Start des neuen Ausbildungsjahres. Wie viele Auszubildende werden Jahr für Jahr eingestellt? Und: Wie viele werden übernommen?

Wichtig ist natürlich auch der Karriere-Bereich auf der Website. Dieser ist mal mehr, mal weniger aufwändig gestaltet. Beispiel Deutsche Post DHL: Der Konzern hat eine umfangreiche Karriereseite entwickelt, in der für die unterschiedlichsten Karrierelevel umfangreiche Informationen zur Verfügung gestellt werden. Schüler, Studenten, Absolventen, Fach- und Führungskräfte finden hier Videos, Selbsttest für Bewerber und Informationen zum Auswahlprozess. Darüber hinaus finden sich auf den Seiten Informationen zu den Themen Personalentwicklung, Vergütung, Familie und Beruf sowie Gesundheitsmanagement.

Andere Karriereseiten informieren ausschließlich über offene Positionen. Doch auch hier finden Sie wichtige Anhaltspunkte über Ihren potenziellen Arbeitgeber:

1. Wie viel Mühe geben sich die Verantwortlichen mit den Stellenausschreibungen? Sind sie ansprechend und übersichtlich gestaltet oder wirken sie lieblos?
2. Wie genau ist die Stellenbeschreibung? Werden die Erwartungen an den Bewerber detailliert beschrieben oder ist unklar, was der Arbeitgeber erwartet?
3. Was bietet Ihnen der Arbeitgeber? Finden sich Anhaltspunkte zu Karrieremöglichkeiten, Weiterbildungen oder anderes?
4. Wie werden Sie angesprochen? Ist der Ton sachlich neutral oder vermittelt Ihnen das Wording, dass es sich um eine angenehme Unternehmenskultur handelt?

Aufschlussreich kann auch ein kleiner, einfacher Test sein: Durchsuchen Sie das Internet doch einfach mal nach einer konkreten, offenen Position. Schränken Sie die Suche zeitlich nicht ein. So erfahren Sie beispielsweise, ob es eine hohe Fluktuation bei dieser Position gab. Oder aber das Unternehmen Schwierigkeiten hat, die Stelle zu besetzen. In beiden Fällen kann es sich lohnen, über das eigene Netzwerk weitere Informationen zu dem Arbeitgeber einzuholen.

Literatur

Dramburg, Sebastian, und Thomas Schwenke. 2011. Rechtliche Stolperfallen beim Facebookmarketing, allfacebook.de, Mai 2011.
Holzapfel, Felix. 2011. *facebook – marketing unter freunden: Dialog statt plumpe Werbung.* Verlag Business Village, Göttingen.
Jodeleit, Bernhard. 2010. *Social Media Relations.* Leitfaden für erfolgreiche PR-Strategien und Öffentlichkeitsarbeit im Web 2.0. dpunkt. Verlag, Heidelberg.
Panter, Roland, und Constanze Wolff. 2013. *Social Media für Gründer und Selbstständige.* Linde Verlag, Wien.
Scheel, Alexander, und Heike, Steinmetz. 2012. *Erfolgreiche Personalsuche im Social Web. Professionelle Strategien, um die besten Talente per Xing, Facebook, Twitter & Co. zu gewinnen.* Data Becker, Düsseldorf.
Steinmetz, Heike. 2005. *Kommunikation für Führungskräfte. Der gezielte Dialog im Unternehmen.* Redline Wirtschaft, München.

Blogs

http://blog.recrutainment.de.
http://karrierebibel.de.
www.socialmedia-blog.de/.
http://talentmgt.com/.
http://www.socialmedia-recruiting.com.
www.wollmilchsau.de/.

© Springer Fachmedien Wiesbaden 2015
A. Scheel, H. Steinmetz, *Selbstmarketing im Social Web*, essentials,
DOI 10.1007/978-3-658-09383-9

Sachverzeichnis

© Springer Fachmedien Wiesbaden 2015   43
A. Scheel, H. Steinmetz, *Selbstmarketing im Social Web,* essentials,
DOI 10.1007/978-3-658-09383-9